# 赛雷三分钟漫画

## 孙子兵法

作战 ◎ 谋攻 ◎ 军形 ◎ 兵势

赛雷

全彩
漫画作品

湖南文艺出版社
HUNAN LITERATURE AND ART PUBLISHING HOUSE

博集天卷
CS-BOOKY

# 目录

孙武是春秋末期齐国人，祖上姓过妫（guī）、田，到他祖父田书这一代时，因为讨伐莒（jǔ）国有功，被齐景公赐姓孙氏。

公元前532年，齐国爆发了一场内乱，孙武为避祸逃出了齐国。公元前517年，孙武经过长途跋涉来到吴国。在吴国期间，孙武潜心钻研兵法，著成了兵法十三篇。

寒雷三分钟漫画
孙子兵法

🔖后来在好友伍子胥的引荐下，孙武携自己所著的兵书见到了吴王阖闾。看过孙武的军事理论后，吴王大开眼界，连连赞叹。

🔖相传，当时吴王不知道这些理论具体实践起来效果如何，就想出个难题考验一下孙武，他叫来自己的两位宠妾和一百八十名宫女，让孙武把她们训练成女战士。

🔔孙武将这一百八十名宫女分为两队，分别以吴王的两位宠妾为队长，然后给每个人都发了武器。

🔔接着，孙武向众人公布了操练的口令和纪律。然而当孙武下令操练时，女兵们全都漫不经心地打闹，就像是在玩游戏一样。

🏺见此情景，孙武并不生气，只是将错误归结于自己身上。

🏺于是，他重申了一遍号令，还亲自给女兵们演示，确保每一个人都听明白，看懂了。

🎐 随后孙武再次下令演练，但女兵们仍然不按号令行动，吴王的两位宠妾更是不把孙武放在眼里，一直嘻嘻哈哈。

章程和号令已经讲清楚了，但大家还是不遵号令行事，这就不是将领的错，而是军官和士兵的错了。

🎐 于是，他下令直接将两队的队长，也就是吴王的宠妾斩杀，以正军法。吴王本来看得正起劲，突然听到孙武要杀了自己的宠妾，赶紧向孙武求情。

我现在已经知道您治军严明了，但没了这两个爱妾，我吃饭都吃不香了，还请您别杀了她们。

大王救救我们

🏮 结果孙武根本不为所动，坚持杀了吴王的那两个宠妾。之后，他重新任命了两位队长，开始了新一轮的操演。

🏮 杀鸡儆猴后，孙武再下达什么号令，大家便都认认真真地完成了，没有一个人敢把演练当作儿戏。

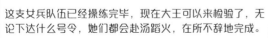

🗡经此一事，吴王确认了孙武绝对不是只会夸夸其谈的沽名钓誉之辈，正式将他拜为将军。

🗡几年后，吴国和强大的楚国爆发了战争，孙武在柏举之战中指挥吴国三万人的军队，千里奔袭，五战五捷，打败了楚国二十万人的大军，最终直捣楚都，创造了军事史上以少胜多且还是速胜的奇迹，为吴国立下了赫赫战功。

🏺后来，因为至交伍子胥之死，孙武不再为吴国效力，而是归隐山林，潜心研究兵法。

🏺他的著作《孙子兵法》，为后世兵家所推崇，被誉为"兵学圣典"，置于《武经七书》之首。

《孙子兵法》在中国乃至世界军事史上都占有极为重要的地位，并在政治、经济、军事、文化等领域被广泛运用。

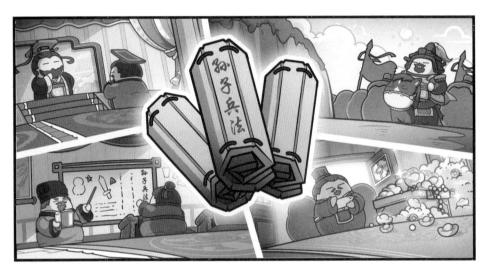

《孙子兵法》全书共计五千余字，分为十三篇：始计、作战、谋攻、军形、兵势、虚实、军争、九变、行军、地形、九地、火攻、用间。本书主要包含前六篇的内容。

它讲述了战争论、治军论、制胜论等多方面的法则。

🔔在那个人类思想还比较原始的时代，孙武却有着朴素的唯物论和辩证法思想，他强调战争的胜负不取决于鬼神，而是与政治清明、经济发展、外交努力、军事实力、自然条件这些因素息息相关，要充分发挥主观能动性才能取得战争的胜利。

🔔凭借卓越的军事思想和辉煌的军事成就，再加上《孙子兵法》这部划时代巨著的分量，孙武得以留名青史，被后世尊为"兵圣"，被誉为"百世兵家之师""东方兵学的鼻祖"。

# 始计篇

孙子兵法

## 原文

孙子曰：兵者，国之大事，死生之地，存亡之道，不可不察也。

## 译文

孙子说：军事是国家的大事，它关乎百姓的生死、国家的存亡，不能不认真考察。

故经之以五事，校之以计，而索其情：一曰道，二曰天，三曰地，四曰将，五曰法。道者，令民与上同意也，故可以与之死，可以与之生，而不畏危；天者，阴阳、寒暑、时制也；地者，远近、险易、广狭、死生也；将者，智、信、仁、勇、严也；法者，曲制、官道、主用也。凡此五者，将莫不闻，知之者胜，不知者不胜。故校之以计，而索其情，曰：主孰有道？将孰有能？天地孰得？法令孰行？兵众孰强？士卒孰练？赏罚孰明？吾以此知胜负矣。将听吾计，用之必胜，留之；将不听吾计，用之必败，去之。

译文

因此，要通过以下五个方面的分析，比较敌我双方的情况，认清战争的形势：一是道，二是天，三是地，四是将，五是法。所谓"道"，是指让百姓和国君同心同德，步调一致，这样民众就会和国君同生共死，不违背国君的旨意。所谓"天"，是指昼夜、阴晴、寒暑、四时等气候、季节方面的自然条件。所谓"地"，是指战场位置是远还是近，战场地势是险峻还是平坦，作战区域是开阔还是狭窄，以及作战环境是否有利于攻守进退。所谓"将"，是指将领应具备的智谋、威信、仁爱、勇猛、严格等素质。所谓"法"，是指军队的组织编制、将吏的职责管理、军需物资的掌管使用。上述五个方面，做将领的不能不知道，知道的就能取胜，不知道的就不能取胜。所以要比较敌我双方的情况，认清战争的形势，就要研究清楚以下问题：哪一方的国君主政贤明？哪一方的将领指挥高明？哪一方占有天时地利？哪一方能够贯彻执行军规法令？哪一方装备优越、实力强大？哪一方士兵训练有素？哪一方赏罚公正严明？我根据以上分析对比，就可以预知谁胜谁负。如果领兵者听从我的分析，他用兵打仗就必然取胜，我就留下他。如果领兵者不听从我的分析，他用兵打仗就必然失败，我就不用他。

## 原文

计利以听，乃为之势，以佐其外。势者，因利而制权也。兵者，诡道也。故能而示之不能，用而示之不用，近而示之远，远而示之近。利而诱之，乱而取之，实而备之，强而避之，怒而挠之，卑而骄之，佚而劳之，亲而离之。攻其无备，出其不意。此兵家之胜，不可先传也。

## 译文

有利的战略决策一经采纳，就要为之创造有利的"势"，以辅助其在对外军事行动中得以执行。所谓"势"，就是要根据有利条件而采取相应的措施，顺应复杂多变的战场形势。用兵打仗是一种诡诈之术。所以，能打却装作不能打；想打却装作不想打；要打近处却装作要打远处，要打远处却装作要打近处；敌人贪图利益，就用利益引诱它；敌人陷入慌乱，就趁机战胜它；敌人实力雄厚，就严加防备它；敌人兵强气锐，就暂时躲避它；敌将易怒暴躁，就设法骚扰他；敌将轻视己方，就设法使他更加骄横；敌人休息充分，就设法让它疲劳；敌人内部和睦，就设法离间它；进攻敌人没有防备之处，向敌人意想不到之地出击。这是军事指挥家制胜的奥秘所在，是不可事先泄露出去的。

016

夫未战而庙算胜者，得算多也；未战而庙算不胜者，得算少也。多算胜，少算不胜，而况于无算乎？吾以此观之，胜负见矣。

译文

作战之前能在庙堂中预测出胜负结果，是基于胜方筹划周密，获取胜利的条件多；而负方则筹划不周，获取胜利的条件少。筹划周密、有利条件多就能获胜，筹划不周密、有利条件少就不能取胜，更何况根本不筹划、不具备有利条件呢？我据此进行观察，就可以判断谁胜谁负了。

## 战例：吴楚柏举之战、吴越争霸

🗡 春秋时期，长江中下游一带有两个南北相邻的诸侯国——吴国和越国。从地理位置看，吴国想北上争霸中原，就得先干掉越国，解除身后的威胁；而越国想北进中原，就必须先征服吴国，打通北上的通道。

🗡 因此，吴越两国虽然是邻居，关系却水火不容，经常一言不合就开战，久而久之打成了世仇。

冲啊！

杀啊！

等着瞧吧，胜利是属于我们吴国后辈的！

想得真美，老东西，战争还没结束呢！

然而对吴国来说，自己的主要敌人除了越国，还有一个楚国。

为了争夺江淮地区的霸权，吴楚两国从公元前 584 年起，在六十年左右的时间里征战不断。本来吴楚两国还算势均力敌，甚至楚国从国力上来看要更强，但公元前 514 年吴王阖闾执政后，一连串巨大的转折出现了。

吴国那边怎么突然发光了，好刺眼！

这一切都要从一个叫伍奢的楚国人说起。

伍奢是当时楚国的太子太傅，也就是太子的老师。但楚国太子并不只有一个老师，他还有一个太子少师，叫费无忌。因为费无忌的才学、人品都比不上伍奢，所以太子和伍奢很亲密，比较冷落费无忌。

老师，刚才的我没有听懂，您能再讲一遍给我听吗？

🏺费无忌妒由心生，便向楚平王陷害了太子。伍奢受到牵连被抓。这时费无忌又向楚平王进谗言，说要以伍奢为人质诱捕伍奢的儿子伍尚和伍员（yún）。

伍奢的两个儿子伍尚和伍员都有大才，如果放过他们，他们日后必成楚国的祸患，不如以伍奢为人质，召他们过来，然后擒住他们。

费无忌

这种事情你决定就好。

🏺楚平王派使者前去召伍尚和伍员，说如果他们肯乖乖就范就放了他们的父亲。伍尚和伍员都一眼看出这是陷阱，但性格截然不同的两人做出了相反的选择。伍尚孝顺仁厚，只要能救父亲，纵使只有一线希望他也想试试，于是束手就擒。

哥哥，别去！

伍员

伍尚

我知道，可是父亲在那里……

🏺 伍员性情刚直，他选择忍辱负重，留下性命，以后再报仇雪恨，于是他拉开弓箭唬住使者，趁机逃走了。

🏺 最终伍奢和伍尚果然被害，伍员在经过一段颠沛流离的逃亡后，投奔了楚国的敌人吴国，想借助吴国的力量报仇。

🏺 虽然伍子胥的到来已经够让吴王高兴的了，但重量级的"大礼"还在后面——
伍子胥向阖闾引荐了自己的至交——孙武。

没错，就是《孙子兵法》的作者，"兵圣"孙武！

🏺 孙武是齐国人，之前一直隐居不出，钻研兵法，修撰兵书，经伍子胥引荐面见
阖闾后，他直接把自己所著的《孙子兵法》拿给了阖闾看。阖闾连连赞叹，随后
拜孙武为将军。

孙将军果然是个人才啊！

在孙武和伍子胥的辅佐下，吴国的军事实力迅速提升，先后灭掉了归附楚国的两个小国徐国和钟吾国，兵锋直指楚国。

然而，当阖闾想趁势攻楚时，孙武却劝阻了他。

就这样，吴军在各处持续骚扰了楚军六年之久。楚军疲于奔命，军事物资被大量消耗，国力变得十分空虚。

公元前 506 年，在蔡国的组织下，楚国周围的十几个小国举行会盟，共同反对楚国。楚王闻讯，大怒，从国内发兵围攻蔡国。

🏆吴国伐楚的时机终于来了。吴王阖闾亲自挂帅，带上伍子胥和孙武，倾全国三万水陆之师，乘坐战船溯淮河而上，解了楚国对蔡国之围，随后又溯淮河西进，准备攻打楚国本土。

🏆但行军到一半，孙武却突然决定舍弃战船，就地登陆。伍子胥不明白孙武的葫芦里卖的是什么药，就问他为什么要这么做。

吴军擅长水战，我们为什么要舍舟登岸，长途奔袭呢？

所谓兵贵神速，要走出乎敌人意料的路，才能打他们一个措手不及。现在咱们是逆水行舟，速度太慢，要是等到楚军加强防备，再想攻破他们就难了。

就这样，孙武挑选了三千五百名吴军精锐为先锋，迅速且秘密地来到汉水东岸，直入楚军腹地。看到吴军神兵天降般地出现，楚昭王立马慌了神。但楚将子常认为，楚军主力足足有二十万，而吴军的先锋部队人那么少，应该一口气打败他们。

于是楚将子常贪功冒进，不等兄弟部队包抄夹击，就急匆匆地发动了进攻。吴军先锋部队早有对策，果断假装逃跑。子常果然上当，一路狂追，最终被引诱进了包围圈。吴军大部队以逸待劳，把楚军杀得大败而逃。

赛雷三分钟漫画
孙子兵法

🏺随后，子常在柏举重新列阵，准备和吴军再战，但此时楚军士气低落，已是不堪一击。吴王阖闾的弟弟夫概只率五千人袭击楚营，就把楚军杀得土崩瓦解，落荒而逃。

🏺楚军一路逃，吴军一路追，很快就打到了楚国的都城郢（yǐng）都。楚昭王闻讯，带着亲信仓皇出逃。郢都没多久就被攻下了。进入楚国都城后，伍子胥在仇恨的驱使下挖出了当年害他父亲和兄长的楚平王的尸骨，对其进行了鞭尸。

🎤 这件事间接导致了一系列连锁反应：伍子胥在楚国的昔日好友申包胥指责他报仇的方式过激，双方大吵一架。

事情都过去那么久了，你这样的行为和当时害你的人又有什么区别？

当时死的又不是你父亲和你兄长，再多嘴的话可别怪我不念旧情！

你这个魔鬼，简直不可理喻！

🎤 后来，申包胥为了帮楚国复国，跑到了秦国请求帮助。秦国本不想趟这浑水，但申包胥在秦国都城的墙外哭了整整七天七夜，秦国君臣上下都被他感动了，终于答应帮楚国复国，史称"哭秦庭"。

呜啊啊啊，楚王，我对不起你啊！

他这不是求助，他这是在折磨我啊！

🗡秦国大军出兵后，与残存的楚军会合，打败了夫概率领的吴军。夫概吃了败仗，畏罪不敢见哥哥阖闾，竟然带兵逃跑，自立为王了。

🗡一国不容二君，阖闾立马率军去攻打夫概。一番兄弟火拼后，自然是冒牌的打不过正牌的，吴王阖闾平叛成功。

🎏 但吴国这么一通折腾，老仇人越国可就坐不住了。越王允常发动偷袭，攻打了吴国的国都姑苏。

你这又是大军在外，又是兄弟内斗的，此时不打你更待何时？

可恶！玩阴的是吧！

🎏 得知被"偷家"，阖闾赶紧率军回救。允常也知道吴军实力更强，越军正面硬碰硬打不过，便在城中洗劫一番就下令撤退了。

嘿嘿，谢谢款待！

允常

公元前 496 年，越王允常病死，他的儿子勾践继位。趁此良机，阖闾立刻亲率吴国大军攻打越国，双方在槜（zuì）李展开了一场大战。

勾践见吴军阵势严整，多次派敢死队上去冲阵，但均被击退。危急之下，勾践使出了一个狠招：他迫使犯了死罪的囚犯排成三列，持剑走到吴军阵前，一起举剑自杀，直接把吴军看呆了。

趁着吴军发愣的间隙，越军火速发起进攻。仓促应战的吴军被杀得大败，连吴王阖闾都被越国大将灵姑浮斩断脚趾，身受重伤。

哎哟，这个臭小子也太狠了！

在吴军败退途中，阖闾因伤势过重不治身亡，临终前，他把王位传给了儿子夫差，并叮嘱夫差不要忘记大仇。

孩儿，千万别忘了越国的大仇。

父亲！

🔖夫差继位后，为报杀父之仇，日夜练兵，毫不懈怠。他专门找人站在庭院中，每次他出入经过，那人就会提醒他杀父之仇还没报。

🔖勾践听说夫差一直在整军备战，决定先下手为强，在吴国发兵之前主动进攻。大夫范蠡（lí）劝谏勾践别冲动，但勾践没有听，一意孤行，出兵伐吴。

夫差听闻敌军杀来，立马派出所有吴军精锐，水陆两军并进，在夫椒与越军决一死战。经过三年的富国强兵，吴国实力大涨，不仅把越军打得落花流水，还乘胜追击，直捣越国首都会稽。

勾践率领五千残兵逃到了会稽山，但又被吴军团团包围，眼瞅着就要守不住了，这时范蠡向勾践建议先向吴国屈膝求和，保住性命，再等待翻盘的机会。

于是，勾践派大夫文种去见夫差，表示自己愿意携妻带子入吴为臣。夫差本打算同意，但伍子胥却极力反对，认为应该灭了越国，以绝后患。

求和被伍子胥搅黄了，文种只好另想办法，他用重金和美女贿赂了吴国的太宰伯嚭（pǐ）。伯嚭是个贪财好色之人，他拿到好处之后，立马向夫差进言，说和勾践鱼死网破没什么好处。

夫差听了伯嚭的逸言，居然觉得挺有道理，便接受了越国的请和，让勾践和范蠡到吴国为奴。夫差命令勾践给自己养马，晚上住马棚；白天夫差出行时，勾践要牵马驾车，小心翼翼地伺候。

就这样忍辱负重三年后，勾践成功骗取了夫差的信任。夫差认为勾践已经彻底臣服，不再构成威胁，便将他放回了越国。

🏮 回国后，勾践发誓一定要洗刷在吴国所受的屈辱，他在自己的屋里挂了一只苦胆，每天睡觉、起床、吃饭前，都要尝一尝苦胆的滋味，以提醒自己不忘报仇。

在《史记》等正史中，只记载了勾践尝胆的故事；但后世的许多文学作品，又补充了勾践睡在柴堆、稻草上，让自己免于安逸的说法——它们合在一起，就成了成语"卧薪尝胆"。

🏮 在范蠡和文种的辅佐下，勾践励精图治，发展农业、奖励生育、补充兵源、整备军队……在勾践的带领下，整个越国上下一心，很快复苏并崛起。

对外，勾践巧妙地隐藏了越国的实力和野心，他在修建城池的时候，故意把面对吴国方向的城墙建得残破不堪，以此迷惑吴国。

勾践知道夫差贪恋女色，还在民间选了两个深明大义的美女间谍——西施和郑旦，送给了夫差，以此消磨夫差的精力和意志。

在越国休养生息，积蓄实力时，夫差被彻底蒙在了鼓里，认为已无后顾之忧的他决定挥师攻打齐、鲁等国。此时，伍子胥再次建议先彻底干掉越国，但夫差又没有听。

越国跟我们示好都来不及，我们拿下他们是分分钟的事！

当下应该乘胜追击，一举拿下齐、鲁等国！

经过几场大战，吴国成功打败了陈、鲁、齐三国，但连年征战也大大损耗了吴国的国力。伍子胥对此十分忧虑，还对儿子说吴国的末日就要到了。

我多次规劝大王，但大王不听。

我现在已经看到吴国的末日了。

爹……

🗡 谁知这话被伯嚭知道了，他立刻向夫差诬陷伍子胥有谋反之心。夫差赐了伍子胥一把宝剑，命他自尽。悲愤的伍子胥留下遗言，让家人在他死后把他的眼睛挖出来，挂在城门上，"亲眼"看到越国军队灭掉吴国……

🗡 失去伍子胥这个智囊，吴国的末日果然很快就来了：公元前 482 年，夫差命太子友守国，自己亲率大军北上与晋国争雄。勾践立马抓住这个机会，兵分两路来攻打吴国。

🏺勾践命范蠡带一部分兵力由海上逆入淮河，切断吴军主力的回援之路，掩护主力作战，自己则亲率主力部队逆吴江而上，攻陷吴都姑苏。

🏺北上的吴军回国来救时，因都城已经陷落，士气无比低落，而且长途奔袭让他们十分疲惫。于是，夫差只好向勾践请和。勾践觉得吴军主力尚存，万一他们豁出性命死拼，自己也没有必胜的把握，便同意了讲和。

大王！为何不一口气拿下吴国！

穷寇莫追，围城必阙。我们不能把人逼急了！

🏮公元前478年，吴国发生了灾荒，勾践再次起兵伐吴，越军与吴军在笠泽隔江相峙。到了晚上，勾践派出两翼士兵，敲响战鼓，制造出要渡江的假象。夫差果然上当，分兵防守。

🏮此时，勾践率领的中军主力不声不响地从中间偷偷渡江，突袭了吴国中军，本来佯攻的左右两翼越军也趁机渡江，将吴军打得措手不及，溃不成军。

🏺笠泽之战后，吴越两国的实力已经不在同一水平线上，吴国的大片土地都落入了越国之手，只能守着首都苟且偷生。

🏺又准备了一段时间后，勾践倾全国之力发动了灭吴战争。公元前 475 年，越军包围了吴都。吴国多次请和均被拒绝。公元前 473 年，越军攻入吴都，夫差被擒。

勾践本想把夫差流放到甬（yǒng）东，让他在那里终老，但夫差只说了一句话，随后就挥剑自刎了。

我老了，不能再待奉越王，我后悔没听伍子胥的话，让自己落得这个下场！

夫差死了，吴国灭亡，勾践以"不忠"为罪名诛杀了奸臣伯嚭，随后回师越国。吴越两国的多年恩怨，就这样画上了句号。

赛雷三分钟漫画
孙子兵法

🔖《始计篇》可以说是《孙子兵法》的一个梗概，指出战争是"国之大事，死生之地，存亡之道"，所以要认真考察、详细分析"道、天、地、将、法"这五大因素，来预测战争的形势。

🔖 先看前三个因素：道、天、地。"天"就是"天时"，在战争中，它是天气、气候等环境因素。

最近怎么多了这么多鱼档？

拓展到更宽的层面，"天"可以指大环境、时代浪潮。

🎇 "地"就是"地利"，在战争中，战场环境是极其重要的，熟悉地形、掌握地利的一方会占据极大的优势。

拓展到更宽的层面，"地"可以指你所处的舞台、领域、市场，它有多大、你是否熟悉它、它是否适合你……都会影响你的成败。

🎇 正所谓"天时、地利、人和"，天时、地利都有了，"人和"对应的便是"道"。

"道"是决定战争胜败最重要的因素，因此孙子把它排在了第一位。

🏺千百年来，中华民族都特别喜欢讲"道"，往大了说，它是世间万事万物运行的规律。

🏺而在战争的层面，孙子对"道"的解释是"君民同心，不畏危难"。当君主要发动一场战争时，士兵和人民要了解并且认同自己在为何而战。古代打仗特别讲究"师出有名"，打仗要有合适的理由和目标，不能"兴无名之师"。

🏺吴越争霸就是反映"道"的重要性的典型案列。

吴王，你忘了越王杀了你爸爸吗？

忘？我怎敢忘?!

吴王阖闾被越国大将砍伤后不治而亡，夫差一遍遍让人提醒自己勿忘杀父之仇，吴国的臣民受到感染，也憋着一股劲想要报仇。

越王勾践兵败，在吴国为人质，受尽屈辱，但他回国后卧薪尝胆，富国强兵，这时又轮到越国上下一心，誓要一雪前耻了。

🏺从结果来看，在"道"的加持下，上下一心的吴国或越国，都在某一阶段成了胜利的那一方。

🏆 拓展到更宽的层面，"道"反映了在一个国家或集体中，是否所有人都有共同的价值观、共同的信念、共同的目标。

"得道多助，失道寡助""得人心者得天下"，具备强大凝聚力，集体就能所向披靡，反之就容易失败。

在"道、天、地"之后，是"将、法"这两个相对比较灵活的主观因素。

将

法

🏆 "将"就是将领，孙子认为，一个好将领应该兼备"智、信、仁、勇、严"这五个素质："智能发谋，信能赏罚，仁能附众，勇能果断，严能立威"。

没错，就是我孙武！

在解读《孙子兵法》时，这方面的最佳案例莫过于孙子亲自参与指挥的柏举之战，它是历史上以少胜多且快速取胜的典例，吴军仅凭三万精兵，便速胜了拥有二十万大军的楚国。

孙子是怎么做到这一壮举的呢？

他先花了整整六年时间养兵备战，同时不断骚扰楚国军队，让对方一直处于疲劳、紧张的状态，消磨对方的资源和意志。

当战机到来时，他又能准确判断形势，弃用战船果断出击，放弃吴军最擅长的水战，长途奔袭打了楚军一个措手不及。

之后他又用诱敌深入之计，杀得楚军阵脚大乱。楚军纵使人多势众，却如同倒塌的多米诺骨牌，一战败，战战皆败。

拓展到更宽的层面，"将"不单单可以指战争中的将领，它还可以是任意组织的领导者。

"火车跑得快，全靠车头带"，一个好领导的重要性大家都明白，无须多言。

🏆 "法"就是军队的组织编制、将吏职责的分工、军需物资的管理使用……

拓展到更宽的层面，"法"可以指你所在的整个系统的组织和运作。组织严密、分工明确的系统，能帮助每个人发挥特长，产生一种高效且稳定的良性循环。

🏆 学习《孙子兵法》，并不仅仅是学怎么带兵打仗，更多其实是在学为人处世之道，将书中的智慧融会贯通，运用到你的工作、学习、生活中，你一定会打开新世界的大门。

孙子兵法

# 作战篇

**原文**

孙子曰：凡用兵之法，驰车千驷，革车千乘，带甲十万，千里馈粮。则内外之费，宾客之用，胶漆之材，车甲之奉，日费千金，然后十万之师举矣。

**译文**

孙子说：凡用兵作战，一般要动用战车一千辆，辎重车一千辆，全副武装的士兵十万人，还要千里迢迢运送粮草。前方、后方的军费开支，招待使节、谋士的用度，制作和维修战车、弓箭等的材料费用，各种武器装备的保养费用，每天都要耗费巨额的资金。做好了这些准备，十万大军才能出动。

其用战也胜，久则钝兵挫锐，攻城则力屈，久暴师则国用不足。夫钝兵挫锐，屈力殚货，则诸侯乘其弊而起，虽有智者，不能善其后矣。故兵闻拙速，未睹巧之久也。夫兵久而国利者，未之有也。故不尽知用兵之害者，则不能尽知用兵之利也。

 译文

军队作战要力争速胜，否则时间长了军队疲惫、士气受挫，攻城就会气力不足，而且长期在外作战还会使国家财力承受很大的负担。如果军队疲惫、士气受挫、兵力折损、军资耗尽，别的诸侯国就会趁火打劫，到那时即使再足智多谋的人，也无法挽回危局了。因此，在军事上只听说过因指挥笨拙而难以速胜的，没见过指挥很高明巧妙却陷入持久作战的。战争拖得很久却有利于国家的事，也从来没有过。因此，不完全了解用兵害处的人，也就不可能真正认识到用兵的好处。

善用兵者，役不再籍，粮不三载。取用于国，因粮于敌，故军食可足也。国之贫于师者远输，远输则百姓贫；近于师者贵卖，贵卖则百姓财竭，财竭则急于丘役。力屈、财殚，中原内虚于家。百姓之费，十去其七；公家之费，破车罢马，甲胄矢弩，戟楯（dùn）蔽橹，丘牛大车，十去其六。

善于用兵的人，不会多次按照名册征兵，也不会多次运送粮草。武器装备从国内取用，粮草从敌人那里补充，这样军队的粮草供应就可以满足作战需求了。国家之所以因兴兵而造成贫困，就在于粮草的长途运输，长途运送粮草必然导致百姓贫穷。军队经过的地方物价必定上涨，而物价上涨就会使百姓财力枯竭，进而导致国家财力枯竭，加紧征收军赋。民力耗尽、财力枯竭，国中就会家家空虚。百姓的资财会耗去十分之七；国家的资产也会由于战车、马匹的损耗，盔甲、箭矢、弓弩、枪戟、盾牌等武器装备的折损，以及大牛和辎重车辆的征集和调用，而耗去十分之六。

故智将务食于敌。食敌一钟，当吾二十钟；芑（qí）秆一石，当吾二十石。

 译文

所以，明智的将领总是力求从敌人那里获得补给。消耗敌人一钟粮食，相当于从本国运送二十钟粮食；消耗敌人一石草料，相当于从本国运送二十石草料。

　　故杀敌者，怒也；取敌之利者，货也。故车战，得车十乘已上，赏其先得者，而更其旌旗，车杂而乘之，卒善而养之，是谓胜敌而益强。

译文

　　将士之所以奋勇杀敌，是因为他们同仇敌忾；之所以勇于夺取敌人的军需物资，是因为能获得物质奖赏。所以在车战中，如果缴获了敌人十辆以上的战车，就应奖励最先缴获战车的人，同时将缴获的战车上的旌旗换成我方的，使之混合编入我方战车的车阵之中。所俘虏的敌军士兵，要予以优待抚慰，使他们归顺我方，这就是战胜敌人的同时自己也更加强大。

**原文**

故兵贵胜，不贵久。故知兵之将，生民之司命，国家安危之主也。

**译文**

所以，战争以速胜为贵，不宜久拖不决。真正懂得用兵之道、深知用兵利害的将领，他们掌握着民众的生死，也主宰着国家的安危。

## 战例：北魏攻大夏统万城、破柔然之战

🏺公元304—439年，中国经历了一段大分裂时期，史称"五胡十六国"。当时江南、荆湘地区由晋朝控制，北方和西南地区则先后建立了二十多个国家，它们相互征伐，乱作一团，其中又以十六个国家实力较强，比较有代表性，故称"十六国"。

🏺经过一段时间的混战，鲜卑族拓跋氏建立的北魏强势崛起，占据了山西、河北、北京、天津和内蒙古南部、河南北部等区域。公元423年，北魏太武帝拓跋焘（tāo）继位登基，雄心勃勃的他非常想一统北方。

此时北方的其他势力已经所剩无几，南匈奴赫连氏建立的大夏占据着陕西和内蒙古、宁夏、甘肃各一部分。除了自己的国都——统万城，大夏手中还握有长安等战略要地，因此它成了北魏统一西北地区的最大障碍。

公元 424 年，大夏皇帝赫连勃勃想废掉太子赫连璝（guī），立另一个儿子赫连伦为太子。赫连璝听说这事后暴怒，率大军攻打赫连伦的领地，把他杀了。结果，赫连勃勃的第三个儿子赫连昌又带兵平叛，把赫连璝杀了。

经过诸子相残这么一通折腾，身心俱疲的赫连勃勃第二年就死了。赫连昌继位为帝，他刚登基没多久，就派兵攻打了邻国西秦。

拓跋焘知道大夏老皇帝身亡，国内动荡，居然还分兵在外，认为这是千载难逢的好时机，立刻定下了攻打大夏的计划。

🦅拓跋焘派两路大军分别攻打蒲坂和陕城，最终目标直指长安。之后，他又御驾亲征，率两万轻骑袭击大夏的国都统万城。

🦅统万城内，赫连昌正在宴请群臣。听闻拓跋焘率军杀来，百官一片惊慌。赫连昌赶紧率大军前去迎敌，两军在距离统万城三十余里的地方交锋。

仓促应战的大夏军队被北魏骑兵杀得惨败，北魏军一路烧杀掳掠，缴获牛羊十余万只，钱粮物资不计其数。残存的大夏军队仓皇逃回了统万城内，开始坚守不出。

统万城是大夏奴役十万劳工，历时六年才建成的，据史料记载，它的城墙"可砺刀斧""锥不能进"——能当磨刀石用、锥子都打不进去。

赛雷三分钟漫画
孙子兵法

🏺统万城不仅城墙刀枪不入，坚硬无比，还有护城河、护城壕、马面、垛台、铁蒺藜等组成的立体防御系统，堪称一座固若金汤的坚城。

没有什么能攻破这座城！我说的！

🏺因此，拓跋焘尝试攻城，却没占到什么便宜，不过他并没有一根筋：反正这次也攒下了攻城的经验，就先撤退休整，等下次准备好了再来吧……

给我等着，我拓跋焘还会回来的！

另外两路目标指向长安的军队，进展就顺利得多了。首先是打陕城的那路：北魏军还没兵临城下，大夏的守将曹达便吓破了胆，直接弃城逃跑了；北魏军兵不血刃拿下了城池，随后长驱直入。

打蒲坂的那路进展更具戏剧性：蒲坂的守将赫连乙斗听说北魏军来攻，立马派出使者向首都方面求援，结果使者到了统万城附近，刚好看到拓跋焘在围攻坚城……

🏮只敢远远观望的使者，看到统万城被团团包围，听到喊杀声震天，脑补出了统万城自身难保，没工夫管他们的错误结论。使者回禀后，赫连乙斗大惊，于是他也弃城，一溜烟跑到了长安。

赫连乙斗

连首都都要沦陷了，再不跑我这小命也不保了！

🏮到了长安，赫连乙斗不好意思说自己不战而逃，于是向长安的守将赫连助兴一顿添油加醋地描述了北魏军的情况。

他们每个人的胳膊都有一个我那么粗！一个人能打我们十个人！

赫连助兴

赫连助兴被赫连乙斗这么一通忽悠，也果断决定弃城开溜，最终两人向西一路狂奔，逃到了安定城。就这样，北魏军几乎不费吹灰之力就夺得了长安。

这样丢掉长安，赫连昌怎么可能甘心？随着攻打西秦的大军班师回国，他立刻派自己的弟弟赫连定带兵夺回长安。

拓跋焘见大夏分兵攻打长安，觉得这是再次攻打统万城的好时机，于是下令采石伐木，制造攻城器械。公元 427 年，在准备工作完成后，拓跋焘亲率大军再次杀往统万城。

在大军抵达拔邻山，距离统万城还有数百里时，拓跋焘突然下了个奇怪的命令。

这下部下们都被整蒙了，要知道攻城并不是骑兵的长项，步兵才是攻坚主力，攻城器械更是关键。

赛雷三分钟漫画
孙子兵法

🏆 等到了统万城下，拓跋焘按照计划把主力隐藏起来，只派了小部队去引诱赫连昌出战，但对方不为所动。原来赫连昌是想召攻打长安的赫连定回去，等援军到了再出击。

🏆 然而赫连定派人告诉赫连昌，统万城固若金汤，大魏军一时半会儿打不下来，等夺回长安后再回军两面夹击，一定能大败北魏军。赫连昌认为有理，决定继续坚守不出。

为了诱敌出战，拓跋焘又只派出五千余人，去骚扰、抢掠大夏周边的臣民，赫连昌依旧不理不睬。

最后，拓跋焘使出了诈降之计，他派人假装畏罪潜逃到大夏，半真半假地谎报军情。

寒雷三分钟漫画
孙子兵法

🗡通过侦查，赫连昌知道对方确实没有带步兵、辎重，于是他全盘采信了间谍的话，终于忍不住出城迎敌，想一口气擒住拓跋焘。

🗡拓跋焘见赫连昌上当，立马率众假装向西北逃跑，诱敌深入。大夏军队跟在后面猛追。

就这样跑了一段路，天气骤变，刮起了东南风，战场一片飞沙走石。此时大夏军是顺风作战，北魏军是逆风作战，形势对北魏军十分不利。

有人劝拓跋焘收兵，改日再战，但他岂肯放弃这好不容易才得来的决战机会？他身先士卒，奋勇向前，一度从战马上摔下再爬起来继续战斗。北魏将士深受鼓舞，纷纷拼命杀敌，很快就把大夏军杀得溃不成军。

大夏军败逃时，拓跋焘又充分利用骑兵的优势，绕到敌人背后切断退路。退路被切断的赫连昌无法返回统万城，只好放弃首都逃往上邽（guī），统万城就这样落入了拓跋焘手中。

进入城中，拓跋焘看到富丽堂皇的大夏皇宫，忍不住大骂了一番。

竖子之国，竟敢如此滥用民力，奢侈到这种程度，怎能不灭亡?!

🏺 之后有大臣向拓跋焘提出重修统万城，但他拒绝了。

大夏造了固若金汤的统万城，最后不还是被我攻克了。如今天下还没有平定，我需要人上战场打仗，而不是去大兴土木。

🏺 经过这场历史上十分罕见的骑兵攻城战后，大夏大势已去，没多久就灭亡了，北魏则把下一个目标对准了另一个宿敌——北方的游牧民族国家柔然。

大夏名存实亡！

六合之内还有谁能与我国匹敌？

来自北方的危险从来就没有消失过，而那里就是北魏男儿剑之所向！

🏺早在拓跋焘十二岁还在当太子时，他就曾远赴河套抵御过柔然的入侵，还把边塞的军务整顿得井井有条。

🏺公元 423 年，拓跋焘的父亲拓跋嗣去世，他继位没多久，柔然可汗郁久闾大檀就趁火打劫，率领六万骑兵攻入云中，大肆烧杀掳掠。

当时十六岁的拓跋焘闻讯，决定亲率两万精锐骑兵去云中救援，大臣们和太后都觉得这样太过冒险，但拓跋焘表示自己从小就和柔然对抗，深知柔然的战法，所以力排众议，即刻出发了。

到了云中，柔然仗着人多势众，将拓跋焘的人马团团包围，但拓跋焘临危不惧、神态自若，北魏将士被他的身先士卒所感染，纷纷向前拼杀。

赛雷三分钟漫画
孙子兵法

🏺其实拓跋焘早就看准了柔然军虽然人多，但战斗意志比较弱，不及北魏军勇猛，只要一鼓作气冲垮他们，他们就会兵败如山倒。

🏺之后的形势果然如他所料，柔然的两员大将在进攻时都被击退，还有一员大将被射杀，柔然军瞬间阵脚大乱，四散而逃。

第二年，拓跋焘又亲率大军分军五路并进，准备直捣柔然的老巢。行军到蒙古高原的沙漠地带时，拓跋焘决定：舍弃辎重，以骑兵出击。北魏骑兵携带十五日的口粮一路疾行，以迅雷不及掩耳之势穿过了沙漠。

见到北魏军队如神兵天降般出现，郁久闾大檀大惊失色，连抵抗的心思都没有，直接率众跑路了，北魏暂时解除了来自北方的威胁。

赛雷三分钟漫画
孙子兵法

然而，就在拓跋焘专心攻打大夏时，柔然好了伤疤忘了疼，又趁着北魏大军在外，疯狂骚扰，屡屡派骑兵抢掠北魏的边境地区。

现在拓跋焘打下了统万城，就想找柔然算算账了。但许多大臣都担心南方的刘宋政权会趁机来攻，拓跋焘一时也拿不定主意。

🏺拓跋焘听完连连点头，随即点东西两路大军，自己率东路军，司徒长孙翰率西路军，准备合击柔然的王庭。

🏺没过多久，拓跋焘率领的东路军又到了沙漠地带，他再次下令舍弃辎重，轻骑快马，长途奔袭。

面对突然出现的北魏骑兵，还在放牧的柔然人毫无防备且十分惊惧，瞬间作鸟兽散。郁久闾大檀看到自己的军队根本无法集结抵抗，只好下令焚毁房屋后撤退。

郁久闾大檀的弟弟郁久闾匹黎先听说哥哥败退，立马率自己的部队去救援，但拓跋焘早就算到了这一点，让长孙翰的西路军在柔然军行进路线上严阵以待。郁久闾匹黎先的部队被半路截击，死伤无数。

之后，拓跋焘让大军在东西五千里、南北三千里的范围进行分散搜索，一边夺取牛羊、粮草等战利品，一边准备把柔然残军赶尽杀绝。沿途许多之前依附柔然的小部落，如今看到柔然不行了，也树倒猢狲散，纷纷倒向了北魏。

郁久闾大檀遭此一败，很快就郁郁而终，他的儿子郁久闾吴提继位，柔然由此进入了一段衰落期。

北魏则接收了柔然和周边部落数十万投降军民，拓跋焘将他们安置在漠南，让他们由游牧生活改为农耕生活，每年向北魏朝贡。

之后，拓跋焘又带领北魏大军灭掉了北燕、北凉等国，于公元 439 年基本统一了北方，北魏政权由此与南方的刘宋政权并立，形成了南北朝对峙的格局。

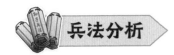
在《作战篇》中，孙子指出，在发动战争前必须做好万全的准备，然后才能出征："驰车千驷，革车千乘，带甲十万，千里馈粮……然后十万之师举矣。"

不过，即使做了充足准备，作战的理想状态也是速胜，不使用战前准备好的大量资源："久则钝兵挫锐，攻城则力屈，久暴师则国用不足。"

打仗时，如果旷日持久地拖下去，军队疲惫、士气低落、粮草不足，就很容易导致失败。

这看似有些矛盾：既然追求速胜，尽量少耗费资源，干吗还大费周章地准备那么久、那么多呢？

其实这是两码事：因为兵无常势、胜负难料，所以战争开始前，要做最坏的打算、做最全的准备。但是开战后，就应该运用谋略，争取以最小的代价获得最大的战果。

🏺北魏攻大夏统万城之战就是运用这一思想的典型案例。

拓跋焘在第二次准备去攻打统万城之前，下令广造攻城器械、备足粮草辎重。

这是做了打攻坚战、打恶仗的准备。

但在具体进攻时，他又想到了更好的速胜方案，所以将攻城器械和辎重留下。

他别出心裁地用骑兵示敌以弱，诱敌出战，最终抓住机会一举灭敌。

北魏攻打柔然时，也是先起数路大军并进，做足了硬碰硬的准备。

但行军到沙漠地带，拓跋焘就弃掉辎重，快马奔袭，杀得对方措手不及，以消耗更少资源的方式取得了胜利。

这一思想也适用于我们当下生活的方方面面。在为做成一件事准备方案时，要尽量全面地考虑到所有可能出现的情况，即使最糟糕的情况真的出现，自己起码也有一个保底的应对措施。所以，在最初的方案制订阶段，应该以求全、求稳为主。

但在方案的具体执行阶段，我们也要根据实际情况的发展做出调整，在有好机会出现时，就不要再一根筋地用最初的求稳方案了，而是应该把握时机，争取更快地取得更大的成功。

赛雷三分钟漫画
孙子兵法

除了细数持久战、消耗战的缺点，孙子还在《作战篇》中提出了"智将务食于敌"的观点：能从敌人那里得到一份粮草，就相当于自己生产了二十份！

没有食物，这仗打不动了……

有了敌人的食物，就无须担心自己的供给，同时也会让敌人因为没有粮食而着急。

拓跋焘在统领北魏军南征北战时，也运用了这一思想。

他首次尝试攻打统万城时，在陷入僵局后没有硬攻。

而是识时务地缴获牛羊十余万只就率军回撤，从长计议。

后来拓跋焘打柔然，也是一边打一边夺取资源，最后还安置了归降的民众，让他们年年交税、朝贡。

🏆 "务食于敌"思想的核心，其实就是四个字——此消彼长。以竞技体育为例，你得1分或者对手扣1分，产生的差值都是1；但如果把对手的1分给你，产生的差值就是2。

少一个敌人就等于多一个队友。

💡明白这一道理，你面对生活中的许多事情便都能游刃有余，比如当你遇到困难时，除了让自己变强大去战胜它，也可以想办法降低它的难度，甚至把它的一部分转化为对自己有利的条件。

💡总而言之，"兵贵胜，不贵久"：做事前首先要做好万全准备，但也要能随机应变，抓住机会，在不断变化的形势中，学会放大优势，缩小劣势，就能一鼓作气取得成功。

孙子兵法

# 谋攻篇

**原文**

孙子曰：凡用兵之法：全国为上，破国次之；全军为上，破军次之；全旅为上，破旅次之；全卒为上，破卒次之；全伍为上，破伍次之。是故百战百胜，非善之善者也；不战而屈人之兵，善之善者也。

**译文**

孙子说：用兵的一般规律是：使敌人全国降服是上策，击破敌国次一等；使敌人全军降服是上策，打败敌人的军队次一等；使敌人全旅降服是上策，击破敌人的旅次一等；使敌人全卒降服是上策，打败敌人的卒次一等；使敌人全伍降服是上策，击破敌人的伍次一等。因此，百战百胜，还不算是最好的，不经交战就让对方屈服才是最高明的。

故上兵伐谋，其次伐交，其次伐兵，其下攻城。攻城之法，为不得已。修橹轒辒（fén）（wēn），具器械，三月而后成，距闉（yīn），又三月而后已。将不胜其忿而蚁附之，杀士三分之一，而城不拔者，此攻之灾也。

译文

所以上等的用兵策略是以谋取胜，其次是以外交手段挫敌，再次是出动军队攻敌取胜，最下策才是攻城。攻城是万不得已时才使用的手段。制造、准备各种攻城器械，需要花数月时间，构筑攻城的土山，又要再花数月时间。将领控制不住愤怒的情绪，驱使士兵像蚂蚁一样去爬梯攻城，只会让士兵伤亡三分之一还不能攻下城池，这便是攻城所带来的危害。

故善用兵者，屈人之兵而非战也，拔人之城而非攻也，毁人之国而非久也，必以全争于天下，故兵不顿而利可全，此谋攻之法也。

译文

因此，善于用兵的人，使敌人屈服而不靠交战，攻取敌人的城池而不靠硬攻，消灭敌国而不靠久战，用完善的计策争胜于天下，兵力不至于折损，却可以获得全胜，这就是以智谋攻敌制胜的方法。

原文

故用兵之法，十则围之，五则攻之，倍则分之，敌则能战之，少则能逃之，不若则能避之。故小敌之坚，大敌之擒也。

译文

所以用兵的原则是，兵力十倍于敌军就包围它，兵力五倍于敌军就进攻它，兵力两倍于敌军就设法分散它，势均力敌就设法用奇兵战胜它，兵力少于敌军就要能摆脱它，兵力弱于敌军就要回避它。所以，弱小的军队如果一味硬拼，就势必成为强大敌人的俘虏。

夫将者，国之辅也。辅周则国必强，辅隙则国必弱。

将领，是辅佐国君的人。辅佐周密国家就会强大，辅佐有偏差国家就必然衰弱。

故君之所以患于军者三：不知军之不可以进，而谓之进，不知军之不可以退，而谓之退，是谓縻（mí）军；不知三军之事，而同三军之政，则军士惑矣；不知三军之权，而同三军之任，则军士疑矣。三军既惑且疑，则诸侯之难至矣。是谓乱军引胜。

国君危害军事行动的情况有三种：不了解自己的军队不能进攻，而硬使军队前进，不了解自己的军队不应撤退，而硬使军队撤退，这叫作束缚自己的军队；不了解自己军队的实际情况，却硬要干预军队的管理，就必然使将士迷惑；不懂得军事上的权宜机变，而去干预军队的指挥，就会使得将士产生疑虑。将士思想混乱而又疑惧，这样其他诸侯国趁机进攻，我们的灾难就来了，这就是自乱军心、自取灭亡。

 原文

故知胜有五：知可以战与不可以战者胜，识众寡之用者胜，上下同欲者胜，以虞待不虞者胜，将能而君不御者胜。此五者，知胜之道也。

译文

预测战争胜负有五种方法：知道可以打和不可以打的能胜利，知道兵多怎样打和兵少怎样打的能胜利，全军上下一心的能胜利，用自己的有准备对付敌人的无准备的能胜利，将领有才能而君主又不加掣肘的能胜利。以上五条，就是预测战争胜负的方法。

故曰：知彼知己者，百战不殆；不知彼而知己，一胜一负；不知彼不知己，每战必败。

译文

所以说，既了解敌人又了解自己，则每次作战都不会有危险；不了解敌人而仅仅了解自己，则每次作战都胜负不定，既可能获胜，也可能战败；既不了解敌人又不了解自己，则每次作战都必然会失败。

**战例：晋楚城濮之战、烛之武退秦师**

🏺春秋时期，诸国争霸，晋国在晋献公时期崛起，成了最强的几个国家之一。

🏺后来，晋献公宠幸妃子骊姬，骊姬想让儿子公子奚齐继位接班，就对晋献公大吹枕边风，多次陷害晋献公的其他儿子：太子申生、公子重耳、公子夷吾……

🔔最终，太子申生不堪受辱，自杀身亡，重耳和夷吾逃出了国。

🔔公元前651年，晋献公去世，奚齐继位，一些大臣趁机发动政变，在晋献公的灵堂上杀死了奚齐，随后又将骊姬鞭杀。

你……你们在我父王的灵前干什么?!
我要去告诉母后，将你们满门抄斩!

哼，你死后有的是时间和你母后哭诉!

因为太子申生已死，大臣们便想拥立德才兼备的重耳为王，但重耳却推辞了。

我违背父亲的命令，私自逃出晋国，父亲逝世后也无法帮忙料理丧事……

怎么还敢回国继位？你们还是立别人吧。

公子……

于是，大臣们迎回了同样逃亡在外的夷吾，立他为王，是为晋惠公。

但晋惠公继位后，屠杀功臣，背信弃义，残暴不仁……十分不得人心。

赛雷三分钟漫画
孙子兵法

🏆一个典型例子就是公元前 647 年，晋国遭遇饥荒，晋惠公向邻国秦国请求买粮。秦国出于道义答应了，卖给了晋国非常多的粮食。

🏆第二年，轮到秦国闹饥荒了，但当秦国向晋国请求买粮时，晋惠公居然恩将仇报，落井下石，不仅不卖给秦国粮食，还趁机发兵攻打秦国。

🔖 结果晋军被暴怒的秦军打败，最终晋惠公的儿子都被送到秦国当了人质。

🔖 由于晋惠公和重耳的人品对比过于鲜明，晋国的人心都向着重耳。晋惠公害怕自己的王位坐不稳，就派人去暗杀重耳。重耳只好带上亲随再次逃命，开始了一段颠沛流离的流亡生活。

重耳一路经过了卫国、齐国、曹国、宋国、郑国、楚国、秦国……这些国家的君主，有的目光短浅，看到重耳落魄就对他十分轻视，比如郑国的郑文公，他接待重耳时就不讲礼数，很不客气。

吃吧！就剩这么点了！

吃完赶紧回你的晋国去！

郑文公

你可别记恨我啊！我对你可够好了呢！

大王，重耳贤明，他的随从也都是栋梁之材，我们应该以礼相待。

不听不听，王八念经。

既然大王执意如此……

与其怠慢得罪了他，不如把他杀掉，以免他日后成为祸患！

没必要这样小题大做吧？好了好了，别再说这事了。

有些国家的君主就不那么势利眼，他们欣赏重耳的贤明，对他以礼相待，尤其是楚国的楚成王，更是以诸侯之礼招待重耳，让重耳十分感动。

重耳啊，你如果将来能回到晋国，会怎么报答我呢？

美女、玉帛，大王您有的是，羽毛、象牙、皮革这些，楚国更是盛产，晋国哪有什么珍奇之物可以献给您呢？

话虽如此，但总该对我有所报答吧？

托您的福，如果我真的回到晋国，万一哪天晋国和楚国要打仗了，我一定命令军队先退避三舍。

古代行军以三十里为一舍。

大王！您对重耳公子这么好，他却这样出言不逊，您应该杀了他！

重耳的话没有什么可反驳的，犯不着上纲上线。

🏮短短几年后，晋惠公病逝，他在秦国当人质的儿子偷偷溜回了晋国继位，是为晋怀公。

🏮秦国对此十分愤怒，就派人邀请重耳到秦国做客，之后又派军队一路护送他回了晋国，意思很明显——我们选重耳，你们看着办。

🏮有了秦国的支持，再加上重耳本身就得人心，他轻松推翻晋怀公当上了晋国的新君，是为晋文公。

🏮就在晋文公刚掌权这年，天下突然发生了一件大事：周襄王的弟弟王子带与狄后私通，两人勾结，图谋篡位。周襄王发觉此事后废黜了狄后，王子带则带着亲信出逃。

🏺狄后是春秋时期狄人部落的公主，因此王子带就伙同狄人反攻周襄王，打败了周军。周襄王只好边逃难边向诸侯求援，让他们快来勤王保驾。

🏺春秋时期，诸侯割据、诸国争霸是事实，但从名义上讲，诸侯都是周天子的臣子。秦国的秦穆公收到了周襄王的告急文书，很快屯兵于黄河岸边准备勤王。

🔖 晋国大臣赵衰知道后急忙劝晋文公，说尊奉周王是称霸的捷径，如果不能赶在秦国之前保护周王，平息叛乱，就没法借尊王讨逆的旗号对天下发号施令了，这种功劳和机会千万别错过。

🔖 于是，晋文公发兵，先送周襄王回到了周都洛邑，又打败叛军，平定了王子带之乱。周襄王对此十分感激，把河内、阳樊两地赐给了晋文公，晋文公的声望和势力都因此大增。

赛雷三分钟漫画
孙子兵法

公元前 633 年，楚成王和几个盟国包围了宋国。宋国向晋国求援。晋文公觉得这是晋国参与争霸的好机会，而且自己当年落难时，宋国对自己不错，于是答应出兵。

但说到落难之时的遭遇，楚成王更是对晋文公有过大恩，晋文公一时有些左右为难，重臣狐偃帮他想了一个两不得罪的办法。

🏮卫国当时刚刚和楚国通婚，关系还没那么铁，于是晋文公便想找卫国借道去攻打曹国，如果卫国答应，那最好；如果卫国不答应，就把曹、卫两国一起收拾了。

🏮卫国拒绝了晋文公的借道请求，于是晋军迂回绕道渡过黄河，同时向曹、卫两国进兵。此时，晋文公还和齐昭公结盟，壮大了己方的势力。

🏆结果卫国的卫成公是个墙头草，他见晋国大军压境，晋、齐两国又已经结盟，居然申请加入晋齐同盟这一边。晋文公和齐昭公看不惯这种反复之人，果断拒绝了。

🏆卫成公又赶紧向楚国示好，请求和楚国结盟，但卫国的军民不同意，他们更想跟晋国混，于是发动叛变把卫成公赶了出去，将国家拱手献给了晋军。

之后，晋军又南下攻打曹国。曹国不是晋国的对手，国都很快就被攻破了。

按照狐偃的计划，楚国该撤军来救卫国和曹国了，但楚国也是心狠手辣，根本不管"盟友"的死活，一门心思猛攻宋国。宋国再次向晋国告急。

没想到楚国这么无情，这可怎么办？

大王，您可以把攻打曹、卫两国得来的土地全部让给宋国。

楚国看到自己费了半天劲啥都没捞着，真正的利益却到了宋国手中，肯定急得要命，那时它就会权衡利弊，放弃攻打宋国了。

🏺 晋文公照做后，楚成王果然下令从宋国撤兵，但楚国大将子玉心高气傲，怎么都咽不下这口气，请命和晋国决一死战。楚成王见子玉如此坚持，也拿他没辙，于是给了他少量兵马。

🏺 晋楚交锋在即，为了壮大己方势力，晋文公让宋国用土地和秦、齐两国交换，请两国出面让楚国退兵。另一边，他又派人告诉楚国，说秦国和齐国要为自己撑腰，挑起了楚国与秦、齐两国的矛盾。

不过在玩外交计谋这方面，子玉也不是等闲之辈，他派使者告诉晋文公，如果晋国让曹、卫两国复国，楚国就解除对宋国的围困。

这是一个毒计：如果晋国答应，那打曹国和卫国就等于白折腾了，损兵折将，只能吃哑巴亏；但如果晋国不答应，那么曹、卫、宋三国都会怨恨晋国，晋国就成了三国的公敌。

赛雷三分钟漫画
孙子兵法

先轸识破了子玉的诡计，他建议晋文公许诺让曹、卫复国，但条件是曹、卫要和楚国断交——这下三国的公敌又变成楚国了。

计谋不成，子玉只好率军强攻，晋楚两军终于正式对阵。晋文公遵守昔日约定，真的下令让晋军对楚军退避三舍，不过其实这既是报答楚成王的恩情，也是诱敌深入之计。

🏆 楚军看到晋军一退再退，还以为晋军怂了，不由得有些骄傲大意，子玉还在决战前放狂言要灭掉晋国。

🏆 然而决战开始后，晋军没有和楚军硬碰硬，而是集中优势兵力先攻打了敌人右军——这部分是楚国盟友陈国和蔡国的军队，实力偏弱。

晉军精锐将虎皮蒙在战马上一顿冲杀，陈、蔡两国的军队纷纷惊骇逃散，楚军右军瞬间溃败。

对付楚军左军时，晉军用战车拖拽树枝后退，在地上留下痕迹，扬起尘土，装作溃逃的样子。

楚军左军果然上当追击，中了晋军的埋伏，被杀了个落花流水。

子玉见左右两军都败了，立刻下令中军停止攻击，撤退。子玉和残部虽然成功撤出战场，惨败的事实却已无可挽回。最终子玉逃回了楚国，楚成王气恼子玉当初不听自己的劝告，导致楚国兵败，于是派人责怪他。

这场大战发生在城濮，因此史称"城濮之战"。此战中，楚国并没有举全国之兵与晋国"死磕到底"，所以损失称不上特别惨重。

🏺但晋国经此一战名声大振，晋文公把楚国的俘虏献给了周襄王。周襄王册封晋文公为"侯伯"，写了《晋文侯命》，还给了他很多赏赐。晋文公多次辞谢才最终接受。

🏺同年冬天，晋文公以周天子之命在践土召集诸侯会盟，史称"践土之盟"。在会盟上，各诸侯共推晋文公为盟主，这标志着晋文公成了继齐桓公之后春秋时期的第二位霸主。

还记得当年晋文公流亡时十分怠慢他的郑国吗？在城濮之战时，郑国的身份是楚国的盟友，郑文公甚至一度将自己的军队直接交给楚国指挥。新仇加旧恨，晋文公决定找郑国算算账了。

当年郑文公怎么待我，我可都记着呢！

该找那郑文公叙叙旧了！

晋文公联手秦穆公，秦、晋两大强国包围郑国，郑国瞬间走到了覆灭边缘。

赛雷三分钟漫画
孙子兵法

🏺在生死存亡之际，郑国大夫佚之狐向郑文公推荐了一个人——烛之武。

佚之狐

大王，您如果派烛之武去见秦穆公，秦国的军队一定会撤退。

武老哇，我没有及早重用您，现在由于情况危急才求您，这是我的错。然而郑国灭亡了，对您也不利呀！

烛之武

此言差矣，我壮年的时候尚且不如别人，现在老了，更没什么用了。

大王言重了！那老臣去试试吧！

🏺夜晚，烛之武被人用绳子从城楼上偷偷放下去，见到了秦穆公。

秦公！

哇！鬼呀！

是我，郑国的烛之武。

你来干吗？

当然是来劝您啦，秦、晋两国围攻郑国，郑国已经知道自己要灭亡了。假如灭掉郑国对您有好处，我怎敢冒昧地来叨扰您？

怎么就没好处了？

越过别国，把远方的郑国划为秦国的地盘，您也知道这是困难的，那灭掉郑国就是在给邻国增加土地。邻国实力雄厚了，您秦国的实力不就被削弱了？

如果您放弃围攻郑国，把它当作招待过客的东道主，出使的人来来往往，郑国可以随时供给他们缺乏的东西，对您也没有什么坏处。

而且您曾经给予晋公恩惠，他答应把焦、瑕这两座城池献给您。

然而晋公早上渡过黄河回国，晚上就在那里筑城防御，这是您所知道的。晋国怎么会有满足的时候呢？

晋国已经试图往东吞并郑国，还想要向西扩张边界。

如果不使秦国损失土地，它到哪里去夺取土地？

所以攻打郑国是削弱秦国，利好晋国，希望您三思！

对呀！我怎么就没想到呢！

赛雷三分钟漫画
孙子兵法

🏆 秦穆公听完烛之武的分析，觉得很有道理，高兴地与郑国签订了盟约，还派了几位将领帮郑国防守。

请郑公放心！既然大王派我们来了，那我们必定帮您守住领土！

多谢秦公了！那就有劳各位将军了！

🏆 狐偃看到秦国"叛变"，请求攻打秦军，晋文公制止了他。

如果当年不是秦穆公帮我，哪有我的今天？依靠别人的力量而又反过来损害他，是不仁义的；失去自己的同盟者，是不明智的；用混乱相攻取代联盟一致，是不符合武德的，我们还是回去吧。

🏆 于是晋国也随即撤兵，就这样，郑国不费一兵一卒，仅靠烛之武的三寸不烂之舌，就使秦、晋两国大军退去——这就是著名典故"烛之武退秦师"。

在《谋攻篇》中，孙子给出了一套评价战争结果的标准：同样是胜利，"全"为上，"破"次之。

让敌方国家、军队、个人完全降服，这是最好的；和敌方拼个你死我活，拼到最后才打败敌人取得胜利，这是次一等的。

🏺 通过硬拼来取得胜利，自己也会付出高昂的代价，你虽然打败了眼前的敌人，但其他潜在的敌人看到你元气大伤，又会趁机来攻击你，整体的局势依旧不容乐观。

🏺 从利益的角度看，如果和敌方血战到底，把敌方打个稀巴烂才获得胜利，那你的战争支出势必很多，能夺取的战利品和资源补给却很少，怎么算都很亏。

🏆 拓展到其他非军事的领域也是一样：如果太在乎输赢，试图不择手段地和别人比个高低，就很容易陷入和别人较劲的泥潭中。两败俱伤的惨胜，细算之下往往得不偿失。

🏆 相比于击败竞争对手，更重要的，其实是给自己营造良好的生存、发展环境。竞争不是目的而是手段，是为了让自己发展得更好。如果可以双赢当然最好，即使不能，也要以最小的代价来博取最大的收益，最终取得胜利。

赛雷三分钟漫画
孙子兵法

🏺那么如何做到"完胜"呢？孙子给出的方案是："上兵伐谋，其次伐交，其次伐兵，其下攻城。攻城之法，为不得已。"

🏺"上兵伐谋"，"伐谋"就是在战争中运用谋略。拓展到其他领域，就是要有战略眼光和战略布局：该不该做、能不能做、怎么做……这些是最能影响你能否完成一件事的因素。

以晋国为例，在晋献公时期，晋国就"并国十七，服国三十八"，已经不失为一个强国。但直到晋文公执政，晋国才向真正的霸主之位迈出了一大步，因为晋文公以勤王讨奸的名义去帮助周天子，获得了号令诸侯的合法权力。

这就是战略层面的成功所能带来的巨大收益，是晋国打败、吞并多少小国都换不来的。

"其次伐交"，"伐交"就是在战争中运用外交手段。拓展到其他领域，就是要多给自己找盟友，限制对手拉帮手，壮大自己，孤立对手，这样自然就能取得更有利的形势。

你的防守很强嘛，今天我们队的好几次进攻都被你守住了。以后咱俩组队吧，第一名肯定是我们的！

嘿嘿，过奖了，不过组队的建议可行！

在晋国和楚国的交锋中，双方都在外交上下足了功夫，最终不得已才正式动兵。

晋国让宋国用土地换取秦、齐两国攻打楚国，挑起了楚国与秦、齐两国的矛盾；楚国又以攻宋国为要挟，让晋国归还曹、卫两国的土地，害得晋国差点同时得罪三国；晋再反将一军，又以复国为诱惑，让曹、卫两国与楚国断交。

这一通博弈的背后，隐藏着许多大智慧。

"其次伐兵"，"伐兵"就是纯粹的军事打击。拓展到其他领域，就是公开的正面对抗，但在对抗时，依旧要打得聪明、打得巧妙，不能不计代价地蛮干。

🗡 "其下攻城"，"攻城"就是不计代价地攻陷敌方的城池。拓展到其他领域，就是鱼死网破式的对抗，不到最后关头都不要用。

这是孙子最不喜欢的"下下策"，因为它完全就是在比拼实力和资源的消耗，伤敌一万，自损八千。

🏆 至于"上上策"是什么，孙子很明白地讲了："不战而屈人之兵。"

不战而屈人之兵！下次要考的哟！

🏆晋、秦两国联手攻打郑国时，"烛之武退秦师"就是一个非常典型的案例：一般来说，都是强者靠硬实力使弱者屈服，但如果弱者把智谋运用得当，也能反过来压制强者。

🏆《谋攻篇》所讲的道理，在工作、学习、生活中都非常适用：当与人产生矛盾时，比起强行要求对方按照自己的方式行事，更好的办法是让对方理解、认同自己。在通往成功的道路上，相比于竞争较量，相互理解、合作双赢才是更好的选择。

军形篇

孙子兵法

# 军形篇

孙子兵法

## 原文

孙子曰：昔之善战者，先为不可胜，以待敌之可胜。不可胜在己，可胜在敌。故善战者，能为不可胜，不能使敌之可胜。故曰：胜可知，而不可为。

## 译文

孙子说：过去善于作战的将领，都会先保证自己不被敌人战胜，再等待可以战胜敌人的时机。不被敌人战胜的关键在于自己不犯错误，战胜敌人的关键在于敌人采取错误行动。所以善于作战的将领，能做到不被敌人战胜，却不能使敌人必然被战胜。所以说，胜利是可以预见的，却不是能强求得到的。

不可胜者，守也；可胜者，攻也。守则不足，攻则有余。善守者藏于九地之下，善攻者动于九天之上，故能自保而全胜也。

 译文

无法战胜敌人，就应该做好防守；可以战胜敌人，就应该积极进攻。防守是因为兵力不足，进攻是因为兵力有余。善于防守的军队，如同藏在深不可测的地下；善于进攻的军队，如同神兵从云霄之上降下，所以既能保全自己，又能取得全面的胜利。

见胜不过众人之所知，非善之善者也；战胜而天下曰善，非善之善者也。故举秋毫不为多力，见日月不为明目，闻雷霆不为聪耳。古之所谓善战者，胜于易胜者也。故善战者之胜也，无智名，无勇功，故其战胜不忒。不忒者，其所措必胜，胜已败者也。故善战者，立于不败之地，而不失敌之败也。是故胜兵先胜而后求战，败兵先战而后求胜。善用兵者，修道而保法，故能为胜败之政。

译文

预测战争胜负时没有超过一般人的见识，这不能算是高明中最高明的；打了胜仗天下人都说好，也不能算是好中最好的。这就好比能举起毫毛不算力气大，能看见日月不算视力好，能听见雷声算不上耳朵灵敏。古代善于作战的人，总是战胜容易战胜的敌人。因此，善于打仗的人打了胜仗，既没有智慧的名声，也没有勇武的战功。他们取得胜利，是因为在作战指挥上毫无差错。之所以毫无差错，是因为他们所采用的作战措施是建立在必胜的基础之上的，这样指挥作战，就如同与已经失败的敌人作战一样。所以善于打仗的人，总是使自己立于不败之地，又不放过让敌人失败的机会。因此，胜利的军队总是先让自己具备取胜的条件才同敌人作战，失败的军队则总是先同敌人交战再想着靠侥幸取胜。善于指导战争的人，必须研究兵家之道，确保必胜的法度，这样才能掌握胜败的决定权。

兵法：一曰度，二曰量，三曰数，四曰称，五曰胜。地生度，度生量，量生数，数生称，称生胜。故胜兵若以镒称铢，败兵若以铢称镒。

根据用兵之法，战前准备应达成以下五大指标：一是度量土地面积，二是计量物产收成，三是计算兵员多寡，四是评估整体实力情况，五是预测胜负的可能性。一个国家的土地质量，决定了它耕地面积的多少；一个国家的耕地面积，决定了它粮食收成的情况；一个国家的粮食收成，决定了它兵员数量的多寡；一个国家的兵员数量，决定了它实力的大小；一个国家的实力大小，决定了它能否在战争中取胜。胜利军队的实力，较之于失败军队的实力，其优势之突出就像拿镒与铢比较一样；失败军队的实力，较之于胜利军队的实力，其劣势之明显就像拿铢与镒比较一样。

胜者之战民也，若决积水于千仞之谿（xī）者，形也。

实力占优势的一方，其将领指挥士兵作战所展现出来的威慑力，就像从八千尺高的山涧上决开积水一样不可阻挡，这就是"形"的含义。

## 战例：秦赵长平之战、邯郸之战

战国时期，秦国和赵国作为两个大国，时不时就为了争霸产生冲突。公元前 270 年，秦昭襄王派兵越过韩国进攻赵国，军队驻扎在阏（yù）与。

为了防止赵军出兵救援阏与，秦军还在附近的武安留了一支部队，和阏与的部队呈掎角之势。赵军来时，武安的秦军可以独自拦截，也可以和阏与的秦军两面包夹赵军。

赵惠文王急忙召集众将商议对策，他先问廉颇是否可以去救援。廉颇表示路途遥远，而且行程艰险，所以很难援救。赵惠文王又问乐乘，乐乘的回答和廉颇一样。

直到赵惠文王问到赵奢，赵奢才给出不一样的答案。

于是，赵王便派赵奢去救阏与。

🏺赵奢领兵出征后，才刚出发三十里，就下令安营扎寨，在营区周围修筑了许多屏障，故意做出不想进攻，只想防守的样子，甚至还下了谁劝谏进攻就处置谁的死命令。

就这样过了差不多一个月，秦军见赵军还没来进攻，就派间谍过去打探虚实。赵奢识破间谍的身份后，故意不拆穿，而是使了一招将计就计，当着间谍的面称要继续增筑营垒。

间谍回去立马报告，说赵奢已经被吓破胆了，根本不敢去救阏与，只想守住赵国的首都邯郸。秦军闻讯果然上当了，变得麻痹大意。

赵奢等秦国间谍一走，立马下令集合急行军，仅一日一夜就抵达了距离阏与五十里的地方。武安的秦军此时才得知赵奢已经奔袭到阏与附近，慌忙调集兵力赶去救援。

🏆但等秦军赶到时，赵奢早已派精锐部队抢占了北山的制高点，占据了有利地形，就等着和秦军展开决战。

哎，来啦，等你好久了呢！

🏆兵法云："凭高视下，势如劈竹。"俯攻的赵军很快就把仰攻的秦军打得落花流水，赵奢成功证明了自己"狭路相逢勇者胜"的理论，在阏与之战中大败秦军。

这样打下去好吃亏呀，快撤快撤！

赛雷三分钟漫画
孙子兵法

战争结束后，秦王反思失败原因，这时名臣范雎表示，秦军这次除了指挥失误，大的战略方面也有问题。

大王，恕臣直言，越过韩国攻打赵国，即使打赢了，赵国割让城池，咱们跨过韩国去接收，这些孤悬在外的城池也很难安稳。

之后，范雎向秦王提出了一个著名的战略方针——"远交近攻"。

哦？怎么个远交近攻法？

就是和距离远的国家保持好关系，先攻打那些距离近的国家。

于是，公元前 262 年，秦王暂时放下和赵国的恩怨，派名将白起攻打了距离近的韩国，一口气夺取了许多地盘。韩桓惠王对此十分恐惧，急忙派使者去秦国，表示愿意献出上党求和。

我们大王说了，把上党全都交给您！

嗯，不错不错，你们大王还挺懂事。

但上党的太守冯亭却不想惯着秦国，他想到了一个转移矛盾的办法——将上党的十七座城池全献给赵国，联赵抗秦。

我们上党这么好的地方，他们秦国也配？还是得献给赵王您才算是物尽其用。

冯亭

党上

赵孝成王

哼，不是想要上党嘛，去向赵国要吧！

冯太守真是好眼光，简直是明智之举！

赛雷三分钟漫画
孙子兵法

🏆 得知本来即将到手的城池突然被赵国截和，秦王勃然大怒，说什么也要出了这口恶气。很快，秦国大将王龁（hé）率大军浩浩荡荡杀了过来，成功占领了上党，上党百姓则纷纷逃到了附近的长平。

🏆 其实赵国既然敢接收上党，必然也早有防备，赵孝成王早已派廉颇在长平驻扎防守。但后来赵王犯了一个大错，他放着坚城不守，非要廉颇率军出击，迎战秦军。

🏆 几番交锋下来，赵军完全不是秦军的对手，廉颇被打得节节败退，丢掉了许多重要据点，只能修筑壁垒，坚守不出。

🏆 赵王对廉颇屡战屡败、"龟缩不出"十分不满，数次派人催他出战，此时秦国又用反间计，派人在赵国大肆散布谣言。

🏆 赵王对谣言信以为真，真的派出了赵括接替廉颇。

🏆然而这个赵括并没有什么真才实学，只会空谈理论，不会解决实际问题，成语典故"纸上谈兵"就是说的他，连他的父亲赵奢都认为他不适合做带兵打仗的将军。

🏆另一边，秦国得知赵国中计换帅之后，也秘密进行了一次换帅，把王龁换成了白起。这样一来，形势瞬间变成了秦国第一猛将对决赵国水货将军，接下来的胜负就显而易见了。

赵括并不知道秦军换帅，还想主动出击，一口气拿下秦军。白起命令秦军佯装战败撤退，赵军一路追到了秦军的营垒，面对固若金汤的防守毫无办法。

可恶！本将军还没发挥呢，你们跑什么？来战哪！

没事垒那么高干什么？是不是没胆子出来应战？

在赵军攻坚不利时，白起早已命令一支部队突袭到赵军的后方，截断赵军的退路，又命一支骑兵插入赵军与赵军营垒之间，将赵军主力分割成两半，同时还切断了赵军的粮道。

粮道一断，我看你们还能撑多久。

赵括发现中计，被迫下令全军停止进攻，就地建造壁垒防御，再找机会突围。但白起哪里会让他们轻松逃走，最终赵军被断粮了一个半月左右，数次突围都没有成功。赵括亲自率军突围时被乱箭射死，剩下的士兵均向白起投降。

此时，白起做了一个在历史上极具争议的决定：将投降的四十万赵军活埋坑杀，只留下两百多个年纪较小的士兵回赵国报信。

长平之战大捷，白起想乘胜追击，一举攻灭赵国。赵国对此十分惊恐，于是用重金贿赂已经当上秦国宰相的范雎。

帮你们说和？我为什么要同意呢？

不仅如此，赵国愿意割让六座城池求和，这样秦国不费兵卒就可以得到实惠，对双方都有好处啊！

范大人您想想，现在白起风头正盛，如果他真的灭了赵国，到时候地位肯定在您之上啊。

范大人，您要不再考虑一下？

范雎听了，果然嫉妒白起的功劳，他以秦兵疲惫，急需休养为由，请求秦王允许韩、赵两国割地求和。秦王答应了，白起从此与范雎结下了仇。

有道理，那就让他回来吧。

哎，这不是白起将军嘛，这次立功回来可以好好休息了。

大王英明！

哼，我与你这个小人没什么好说的！

🗡然而在秦国撤兵后，赵国那边又反悔了。赵国宰相虞卿不同意割让城池，他表示赵国的土地有尽而秦国的贪婪无尽，如果每年给秦国割让六座城池，赵国迟早灭亡，还不如拿这六座城池去与齐国交换，联齐抗秦。

我们与齐国联手，不仅能保住城池，还能增加取胜的机会！

有道理，就这么干。

🗡和齐国联手后，赵国又极力拉拢魏国、楚国、燕国、韩国，摆出一副大家要联合抗秦的样子。

不灭秦贼！

誓不罢休！

🔔秦王对此大怒，准备派兵把赵国灭了。白起闻讯极力劝阻。

大王冷静，赵国既然敢耍赖，肯定已经做好准备。

自长平之战后，赵国鼓励农耕、整顿军队、君臣勤政、万众一心，把防范秦国当作最要紧的事。

况且此时赵国内部团结又外交成功，不是那么好攻打的。

但秦王根本听不进去，派将军王陵率兵攻打赵国。秦军很快就打到了赵国的首都邯郸。这次赵国吸取长平之战的教训，选择了坚守防御，消耗敌人，避免决战，等待外援的作战方针。

出来啊！有本事来打！

不理他，等我们的救援到了有他哭的。

赛雷三分钟漫画
孙子兵法

🕯 在赵军的坚守下，秦军的进攻屡屡受挫，而且赵军还不断派出精锐袭击秦军。一段时间后，秦军伤亡惨重却毫无进展，秦王十分着急，亲自出面请白起出山领兵，但白起拒绝了。

国家危难，我需要你，回来吧，白将军。

大王且回吧，我是不会打必输的仗的。

🕯 之后秦王派范雎去探望白起。范雎指责白起摆臭架子不为国分忧，白起又向范雎详细讲述了现在攻打赵国的坏处。范雎因为曾经阻挠白起，痛失攻赵的最佳时机而十分羞愧，只能灰溜溜地离开了。

唉，这时候说什么都晚了……

🎐秦王得知此事十分生气，为了证明自己没有白起也能打下赵国，他改派王龁接替王陵，但换帅之后的秦军仍然久攻邯郸不下，反而自己死伤惨重。

🎐战事不利，秦王又数次催逼白起挂帅出征。白起一直托病不出，还说自己宁愿受重罚而死，也不做蒙受耻辱之军的将领。秦王终于忍无可忍，赐给白起一把利剑逼他自杀了。

在秦军攻城不下，进退两难之时，赵国却在积极寻找援军。赵国的平原君打算选二十名文武兼备的人才一起去楚国求助，可是选来选去只选出了十九个人。

唉，真就不能再找出一个人才了吗？

平原君

我愿意跟公子走一趟！

毛遂

先生在我门下几年啦？

有能力的人处在世上，就像锥子装在口袋里，锋芒早晚会显露出来。

三年了！

先生在我这里已经三年，我却没听到身边有人称道过您，您还是留下来吧！

如果您能早点把我放在口袋里，我这个锥子早就扎出来了，岂止露出一点锋芒呢？

平原君见毛遂语出不凡，就带上了他。

到了楚国，平原君和楚考烈王谈了大半天，却没谈出个结果，于是毛遂手按宝剑，登阶而上，发表了一番自己的见解。

合纵抗秦的利害，几句话就可以说得明白，怎么这么长时间还定不下来？

还不快下去！我在和平原君说话，你来插什么嘴？

楚考烈王

大王您之所以能呵斥我毛遂，是因为仗着楚国人多势众。

如今我距离大王十步之内，大王之命就悬在我的手里，人再多也没用！

楚国土地方圆五千里，雄兵百万，这样强大的国家，天下谁能抵挡？

白起那个平庸小辈，率领几万秦兵攻打楚国，一战攻下鄢郢，二战火烧夷陵，三战使您祖先之灵都受了辱。

这种百世必报的仇恨，我们赵国都替您羞愧！

毛遂这招激将法果然奏效。楚考烈王想起秦、楚两国之间的旧恨，同意了合纵抗秦，与赵国歃血为盟，随后便发兵救援赵国。

赛雷三分钟漫画
孙子兵法

回到赵国后，平原君向周围的人称赞了一番毛遂的口才。

毛遂先生的三寸之舌，胜过百万雄兵，他到楚国只用了一席话，便使我赵国的威望重于九鼎。

这就是成语"毛遂自荐"和"一言九鼎"的由来。

除了楚国，赵国还力求得到魏国的帮助。魏安釐（xī）王本来已经答应出兵十万救援邯郸，但秦国得知此事，便派了使者去威胁魏国。魏王害怕秦国报复，便命令将军晋鄙将十万大军留在邺城驻扎，观望不前。

魏王，秦王可发话了，你要是敢出兵救赵……

魏安釐王

他攻下邯郸后就会调兵攻打你，你可要三思哟。

平原君见魏军停止前进，就派人去魏国，让自己的小舅子信陵君想想办法。信陵君多次劝说魏王，但魏王根本不为所动。

万般无奈下，信陵君只能集结自己的一点人马去救援赵国。出发前，信陵君遇到了年过七旬的门客侯嬴，向他说自己要慷慨赴难，侯嬴却淡定地表示自己不会随他而去。

🏺信陵君走了一段路后，心里越想越不是滋味，于是又回去找侯嬴，没想到侯嬴正笑眯眯地等着他。

这个侯嬴，怎么连他也……

侯嬴？你怎么在这儿？

哼！越想越气。不行，我得回去问个清楚！

我就知道您会回来的！独自迎战秦军，就像把肉扔到饿虎面前，有什么用呢？

🏺信陵君知道侯嬴必有良策，急忙向他问计。

如姬

魏王宠幸爱妾如姬，让她可以自由出入寝宫，而公子您曾经帮如姬报过杀父大仇。如姬一直想报答您，何不让如姬帮您偷出魏王调兵的虎符呢？

🛡 信陵君听从侯嬴之计，果然顺利拿到了魏军虎符，准备去骗晋鄙发兵救赵，此时侯嬴又献上一计。

万一晋鄙查验虎符后，还不肯立即发兵，而是向魏王禀告，事情就麻烦了。我这个武艺高强的朋友叫朱亥，让他跟您一起去，晋鄙要是听命最好，不听命就让朱亥杀了他。

朱亥

🛡 晋鄙见到虎符后，觉得十万大军让信陵君一人调动，没有其他文书、使者，事有蹊跷，果然心生怀疑，不肯发兵。于是，朱亥就用袖子里藏着的大铁槌把晋鄙杀了，信陵君由此成功掌握了魏军兵权。

我怎么觉得不太对呢，这兵不能发。

就你话多。

这就是典故"窃符救赵"的由来。

🔖 信陵君接管魏军军权后，发布命令，让父子都在军队里的，父亲回家；兄弟都在军队里的，兄长回家；独生子没有兄弟的，回去赡养老人。这样一来，留下来的军士们家里都有人照应，没了那么多牵挂，就可以一心一意跟随信陵君出生入死了。

🔖 魏、楚两国的援兵还在路上时，邯郸已被围困许久，形势十分危急，平原君只好招募了三千人的敢死队，突然向秦军发起袭击，一口气把秦军击退了三十里。

没多久，魏、楚两国的援兵先后赶到，秦军被内外夹攻，很快惨败，邯郸之围就此解除，邯郸之战也告一段落。

邯郸之战是东方诸侯国合纵抗秦取得的第一次大胜，秦国在这场战争中付出了二十万人伤亡的代价，却几乎什么也没得到，国力大大折损，秦国统一六国的步伐也因此被推迟了一大截。

赛雷三分钟漫画
**孙子兵法**

🔖 在《谋攻篇》中，孙子提出了"全胜"的概念和思想：最好不打就能赢，"不战而屈人之兵"才是上上策。但很多时候实际情况并没有那么理想，做不到不战而屈人之兵，那就只能打。

🔖 那么怎样打才能打赢呢？孙子的观点是："善战者，先为不可胜，以待敌之可胜。"

简单来说，就是掌控攻守的时机，先确保自己做好防守，让自己立于不败之地，再通过对手的失误，一举击溃对手。

不好意思，机会只有一次，而你却失误了。

武侠小说中通常都会有这样一个设定：顶尖高手对决，谁先动手谁吃亏。于是我们经常会看到两个高手面对面站着试探很久，谁都不先出招，因为先出招就很容易先露出破绽。

他们俩已经在上面僵持三天了。

你不懂，这就叫高手哇。

在许多竞技类运动中，"防守反击"也是一个很常用的战术，对实力比自己更强的对手，这一招尤其好用：进球之前，先保证自己不丢球；得分之前，先保证自己不丢分。

喂！你们就不去防一下别人吗?

少装了，你们队只有你一个有得分能力，不防你防谁?

"先为不可胜"的思想，其实就是给自己留下保底的机会，它可以拓展到生活中的方方面面。

工作要采用新方案时，先保证已有的工作成果不会被损害。

进行高强度运动时，要先保证自己不会受伤。

学习新知识时，要先保证思路不会被弄混乱。

想通过投资赚钱时，要先保证自己不会亏光老本……

🏆 保证了"先为不可胜"，就可以"待敌之可胜"，也就是把握机会取得胜利。在和对手博弈的过程中，自身的实力固然重要，但环境和对手给不给机会也非常关键。你自己实力再强，如果对手无懈可击，你也难以取得胜利。

🏆 在战争中，敌人所犯的严重错误产生的影响，往往比你自己的正确决策还要关键。比如在长平之战中，赵王和赵括都错估了形势，放着坚城不守，以劣势兵力强行出击和秦军决战，被白起抓住机会一举打败。

赛雷三分钟漫画
孙子兵法

而在邯郸之战中，看不清形势的人变成了秦王，即使白起已经将双方形势、利害关系讲得十分清楚，但他还是急功近利，不顾赵国国内万众一心、国外结盟求援的事实，在没有获胜的客观条件的情况下强行攻赵，最终导致惨败。

"待敌之可胜"运用到生活中，其实就是强调把握机会，面对不同的环境和对手，如果只会按照万年不变的套路，自顾自闷头苦干，是很难获得成功的。

人的一生总会遇到无数机会，这些机会有大有小、有好有坏，成功者往往善于辨别并把握机会，失败者则反之。

明白"先为不可胜，以待敌之可胜"后，就来到了一个更高的层次。

意思就是胜利的军队总是先创造利于获胜的条件才同敌人作战，失败的军队总是先同敌人交战再想着靠侥幸取胜。

"先胜"可以说是在"完胜"基础上引申出的一个思想，它的核心就是：不打没有准备的仗，只冒值得冒的风险。

🏆 "先胜"的理想情况是：要么不出手，出手就要有赢的把握。然而必赢是很难保证的事，因此很多时候我们不能苛求百分百的胜算，不能不接受任何一点点风险，而是要分析各种可能出现的情况，通过一定风险去博取高收益。

🏆 整个《军形篇》，其实就是在教我们如何"稳中求胜"。增强做事的可控性，使事情的成功与否变得可以预知；面对好机会，要想办法牢牢抓住；对于机会可能产生的风险，要知道什么风险值得冒，同时也要留好后手。

孙子兵法

# 兵势篇

 **原文**

孙子曰：凡治众如治寡，分数是也；斗众如斗寡，形名是也；三军之众，可使必受敌而无败者，奇正是也；兵之所加，如以碫（xiá）投卵者，虚实是也。

**译文**

孙子说：管理大部队像管理小部队一样容易，依靠的是合理的组织结构；指挥大部队作战像指挥小部队一样到位，依靠的是良好的指挥系统；整个部队即使遭遇敌人攻击也不会失败，依靠的是对奇正战术的正确运用；攻击敌军像用石头砸鸡蛋一样简单，依靠的是虚虚实实的变化。

凡战者，以正合，以奇胜。故善出奇者，无穷如天地，不竭如江河。终而复始，日月是也；死而复生，四时是也。声不过五，五声之变，不可胜听也。色不过五，五色之变，不可胜观也。味不过五，五味之变，不可胜尝也。战势不过奇正，奇正之变，不可胜穷也。奇正相生，如循环之无端，孰能穷之？

译文

但凡作战，都是以正兵正面交战，以奇兵去出奇制胜。因此，善于出奇兵的将领，其战法就像天地一样无穷无尽，像江河一样永不枯竭。这种变化终而复始，就像日月运行一样；去而复来，就像四季更替一样。音律不过宫、商、角、徵、羽五音，但五音的组合变化，永远也听不完。颜色不过青、黄、赤、白、黑五色，但五色的调色变化，永远也看不完。味道不过酸、甜、苦、辣、咸五味，但五味的组合搭配，永远也尝不完。兵力部署与作战方式不过奇、正两种，但奇、正的组合变化无穷无尽。奇与正的相互转化，就好比没有尽头的循环，谁能穷尽它呢？

## 原文

激水之疾，至于漂石者，势也；鸷鸟之疾，至于毁折者，节也。是故善战者，其势险，其节短。势如旷（guō）弩，节如发机。纷纷纭纭，斗乱而不可乱也；浑浑沌沌，形圆而不可败也。乱生于治，怯生于勇，弱生于强。治乱，数也；勇怯，势也；强弱，形也。

## 译文

湍急的河水使河床上的石头漂浮起来，是因为它有能产生巨大冲击力的势能；猛禽搏击雀鸟，一举可置对方于死地，是因为会把握时机，出手迅猛。所以善于作战的将领，他所创造的势是险峻有力的，发动的进攻是干脆利落的。势就如同弩满弓待发的状态，节就如同触发弩机那样突然。即使战场看起来混乱不堪，也要在混乱中做到章法有序；即使战场形势不明，两军搅在一起，也要做到能自如地应变，不被敌方打败。以混乱示敌，实则组织严整；以怯懦示敌，实则英勇无畏；以弱小示敌，实则实力强大。组织编制水平决定了军队管理是严整还是混乱，战场形势决定了士兵是勇敢还是怯懦，部队的真实实力决定了战斗力是强还是弱。

故善动敌者，形之，敌必从之；予之，敌必取之。以利动之，以卒待之。故善战者，求之于势，不责于人，故能择人而任势。任势者，其战人也，如转木石。木石之性，安则静，危则动，方则止，圆则行。故善战人之势，如转圆石于千仞之山者，势也。

 译文

所以，善于调动敌人的将领，制造假象迷惑敌人，敌人必定会被摆布；用利益引诱敌人，敌人必定会贪而取之。用利益调动敌人，用兵力打击敌人。所以善于作战的将领，总是只求于势而不求于人，从而能不依靠人而依靠势。依靠势的将领指挥士卒作战，就像转动木头和石头。木头和石头的特性在于，平放就静止不动，斜放就滚动向前，方形则静止，圆形则滚动。所以，善于作战的将领所创造的态势，就像推动圆石从极陡的山上滚下来一样，来势汹汹不可阻挡，这就是势的含义。

## 战例：官渡之战

东汉末年，一场轰轰烈烈的黄巾起义，使得早已腐朽衰败的东汉政权变得分崩离析、摇摇欲坠：在镇压起义时，各地州郡大吏都拥兵自重，形成了大大小小的割据势力，他们互相征讨、兼并，最终造成了群雄争霸的混乱局面。

公元 196 年，曹操迎汉献帝迁都许昌，从此开始"挟天子以令诸侯"，他先后击败了吕布、袁术，占据兖州、徐州等地，一时间威势大涨。

🖋然而放眼当时的华北地区，势力最大的还不是曹操，而是袁绍。袁绍出身名门望族，家世无比显赫，从他往前推四代，袁家都有人在朝廷担任最尊贵的"三公"官职，因此号称"四世三公"。

🖋早在诸侯会盟讨伐董卓时，袁绍就凭借极高的威望被推举为盟主。

在曹操集团壮大之时，袁绍也打败公孙瓒，占据了幽、并、青、冀四州，坐拥整个河北之地，可动员的兵力有十万之多。尤其是袁绍的大本营冀州，更是土地丰饶、人口众多、兵粮优足。

这就是实力！

据史书记载，"冀州户口最多，田多垦辟，又有桑枣之饶"。

出身好、地盘大、兵力强，此时袁绍可以说是诸侯中纸面实力最强的一个，正在不断崛起，而控制着天子的曹操自然就成了他的眼中钉。

没想到哇！这家伙居然成了我最大的绊脚石！

赛雷三分钟漫画
孙子兵法

🏺同样地，曹操为了争霸天下，也将袁绍视作必须除掉的敌手，双方间的大战已经在所难免。

最近北方的袁绍风头大得很哪！得挫一挫他的威风！

🏺公元 200 年，被曹操控制的汉献帝不堪受辱，用鲜血写出诏书缝在衣带里，秘密传给了董承、刘备等一众大臣，想让他们诛杀曹操。

董大人，此事你能助朕吗？

🏆但后来衣带诏之事败露，董承等人被曹操夷灭三族，刘备则袭杀徐州刺史车胄，屯兵于小沛。之后，曹操亲率大军征讨刘备。

哼！解决掉这边，该去找刘玄德那小子算账了！

🏆此时，谋臣田丰向袁绍建议袭击曹操。

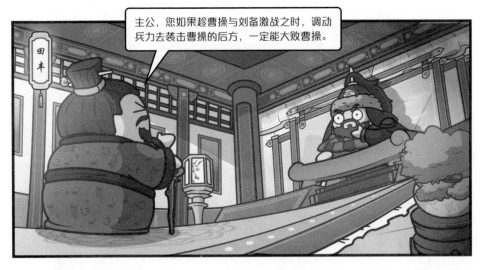

主公，您如果趁曹操与刘备激战之时，调动兵力去袭击曹操的后方，一定能大败曹操。

田丰

赛雷三分钟漫画
孙子兵法

🏛然而，袁绍却以自己的幼子生病为由拒绝了，田丰急得举起拐杖敲击地面，连连叹息。

唉！大事完了！这千载难逢的良机，竟然因为小孩子生病而丧失，可惜啊！

袁绍听到这话十分生气，从此开始疏远田丰。

🏛没有援军帮助，势单力薄的刘备不是曹操的对手，很快兵败，其结拜兄弟关羽被曹操俘虏，暂时屈身为曹操效力，刘备则逃往青州投靠了袁绍。

云长啊，如今你兄长兵败而逃，要不你来为我做事，如何？

关羽

此时，袁绍终于有了名正言顺讨伐曹操的理由——"奉衣带诏讨贼"。但田丰认为攻打曹操的最佳时机已过，极力劝阻袁绍。袁绍大怒，以动摇军心为由将田丰关了起来。

袁绍让手下陈琳写了一篇檄文《为袁绍檄豫州》，把曹操骂了个狗血淋头，号召各州郡共同讨伐曹操。双方就此彻底撕破脸皮，准备开战。

📢开打之前，双方阵营都进行了形势分析，袁绍这边，以沮授为代表的一派谋臣认为急着强攻曹操不是上策。

近年来咱们讨伐公孙瓒使得军队疲惫、百姓穷苦、粮无积余，急着强攻曹操并不是上策。

不如我们好好休养生息，再派精锐骑兵不断骚扰，步步为营蚕食对方，这样就能"安坐而定天下"。

沮授

而且曹操法令严明、士卒精练，不是公孙瓒所能比的。

📢然而，以郭图和审配为代表的另一派谋臣则认为己方兵多将广，应该派大军出击，碾压曹操。

现在我们兵多将广，完全可以碾压曹操，就应该派大军出击，一举拿下曹操。

郭图

审配

对呀！碾压才符合我的实力嘛！

这一派的观点更符合袁绍急功近利的性格，于是被采纳了。

因为沮授对急攻持反对意见，郭图等人还借机进谗，说沮授军权太大、威望太高，不把袁绍的命令放在眼里，引起了袁绍对沮授的猜疑，导致之后沮授的许多良策都被袁绍无视了。

另一边，曹操也对自己能否战胜袁绍心存担忧，毕竟袁绍的兵力远胜于自己。

赛雷三分钟漫画
孙子兵法

🕯 此时原先在袁绍帐下，深知袁绍为人的谋士郭嘉，提出了著名的"十胜十败论"，从道胜、义胜、治胜、度胜、谋胜、德胜、仁胜、明胜、文胜、武胜这十个角度，详细剖析了曹操相比袁绍的长处，预言曹操必胜，袁绍必败。

🕯 这番话引来了文臣武将的一片喝彩，极大鼓舞了曹操集团的士气。由此对比可见：大战开始前，袁绍集团并不是铁板一块，内部意见不一，钩心斗角严重；曹操集团这边却是上下同心，有很强的凝聚力。

袁绍在鼓动其他势力反曹时，一些明白人也对交战双方有着清晰的判断，比如和曹操有仇，杀死了曹操长子曹昂的军阀张绣就想追随袁绍，但他的谋士贾诩却当着张绣的面回绝了袁绍的来使。

多谢袁将军的好意，但结盟之事就不必了！

喂！老贾你咋想的呀？你不知道我和曹操有仇吗？

袁绍不能容人，咱们迟早会被他排挤，而归顺曹操有三点好处！

第一，曹操奉天子以令天下，名正言顺。

第二，曹操兵力较弱，更愿意拉拢盟友。

第三，曹操志向远大，定能不计前嫌。

🕹 张绣于是听从贾诩的建议，归顺曹操。曹操果然不计前嫌，封他为扬武将军，重用了他。

🕹 动员工作结束后，袁绍大军开拔，他派大将颜良和郭图、淳于琼等人率军进攻白马，准备拿下这个黄河南岸的要地，保障主力部队渡过黄河与曹操决战。

🏮曹操为争取初战胜利，亲自率军去解白马之围，此时谋士荀攸献上了一计。

我们应当声东击西，引兵延津，假装要渡河攻打袁绍后方，使袁绍分兵救援，然后再派骑兵袭击白马。

🏮曹操采纳了这一计策。袁绍果然上当分兵，派郭图和淳于琼率军去延津阻击。沮授极力劝阻，但袁绍没有理会。

主公三思呀！颜良虽然勇猛但性格急躁，难以独自统领大军。

颜良哪有你说的那么不堪，此事已决，不要再提了！

赛雷三分钟漫画
孙子兵法

🎐另一边，曹操带着关羽、张辽、徐晃等大将赶赴白马。在两军交锋之际，关羽远远望见了颜良的麾盖，直接策马冲到颜良身边，如天神下凡一般于万军之中斩杀颜良，取下首级而归。袁军主将被斩，瞬间溃败。

🎐解了白马之围后，曹操准备向西撤退到官渡。袁绍派大将文丑追击曹军。当时，曹操的骑兵不足六百，而袁绍的骑兵有五六千，因此不能硬打，只能智取。于是，曹操令士卒解鞍放马，引诱袁军夺取财物，再发动袭击击败袁军，顺利退回官渡。

袁绍率军赶到官渡，扎下营寨，又派淳于琼率军护送粮草到乌巢。沮授建议袁绍增派将军蒋奇带兵防护，杜绝曹操劫粮的可能，但袁绍又没有听。

在这种情况下，淳于琼率领运粮部队，在距离袁军大营仅剩四十里的乌巢驻扎把守。

此时，曹操谋士荀彧预言的"情见势竭，必将有变"来了：袁绍手下的谋士许攸叛变投奔了曹操。

赛雷三分钟漫画
孙子·兵法

🏺原来许攸曾向袁绍献计，说曹操大军在外，许都必然空虚，可以派轻骑连夜奔袭夺取许都，端了曹操的老巢，救出天子，之后再奉天子诏讨伐曹操，彻底打败曹操。但袁绍盲目自大，说自己要先活捉曹操，拒绝了这条妙计。

🏺后来许攸的家里有人犯法，审配没给许攸面子，直接将他们逮捕下狱。许攸知道后大怒，立马投奔了曹操。

🔖许攸给了曹操关键情报——淳于琼屯粮乌巢且防备很松，他建议曹操火速奇袭乌巢，烧了袁军的粮草辎重。曹操立刻听从，留下曹洪、荀攸等人把守营垒，自己亲率五千精兵出发。

🔖曹军为了不发出声音打草惊蛇，士兵嘴里都叼着形如筷子的"枚"，还绑住了马的嘴。他们冒用袁军的旗号，每人带着一束柴草，趁着夜色从小路悄悄摸到了乌巢。

赛雷三分钟漫画
孙子兵法

🏺到达乌巢后，曹军立刻开始放火围攻。袁绍得知乌巢被攻，立刻部署两路军马，一路去乌巢救援，一路由大将张郃、高览带领去劫曹操的营寨。

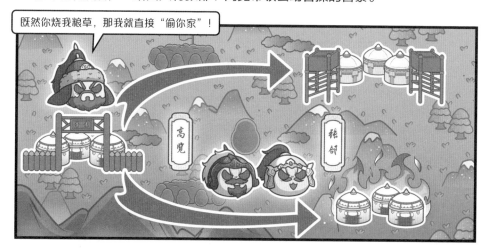

既然你烧我粮草，那我就直接"偷你家"！

🏺乌巢这边，曹操陷入了一番苦战，袁绍派出的援军即将赶到，情势十分危急。于是，曹操身先士卒，鼓舞士兵死战。大将乐进斩杀了淳于琼，袁军大败，粮草也被全数烧毁。

不过，《三国演义》中淳于琼嗜酒如命的窝囊形象属于艺术加工。

至于曹军的官渡大营，曹操早就留了兵马死守，张郃、高览久攻不下，又听到了乌巢失守的消息，干脆就向曹操投降了。

报！张郃又带兵来了！

来得正好，我去会会他！

曹将军且慢！之前是我有眼不识泰山，今后希望能在曹丞相麾下鞍前马后！

大军被破、粮草被烧、大将降敌……一系列变故之下，袁军军心动摇，全面崩溃，被曹操先后歼灭了七八万人，袁绍带着不足一千的残兵逃回了河北。

你干什么？撤退了，不打了！快放开我的缰绳！

不，不是的！您跑错方向了！河北在那边！

🏺袁绍败逃时，沮授因来不及渡河被俘。曹操想招降沮授为自己出谋划策，但他宁死不从，曹操虽有遗憾但还是厚待了他。

你就算杀了我，我也不会为你所用的！

没事的！我也不喜欢强人所难！

后来沮授密谋逃回河北，事情败露，曹操为绝后患还是把他杀了。

🏺袁绍退回河北后，对人说他十分后悔当初没听田丰的劝谏，如今肯定要被田丰耻笑了，于是派人把田丰杀了。没过多久，袁绍也在郁闷中病死。

你还有什么遗言就快说吧！

大丈夫选错了主公，本来就是愚蠢的行为！我这样愚蠢的人，死不足惜！

袁绍死后，本应是长子袁谭继位，但审配、逢纪伪造袁绍遗命，立袁绍第三子袁尚为继承人，这导致袁氏兄弟相争，自相残杀。袁氏集团就此分裂，实力更是一落千丈。

最终，袁谭、袁尚被曹操逐个击破，袁氏势力彻底覆灭，曹操在曹袁之争中笑到了最后。

🔖 在《兵势篇》中，孙子重点讲述了一个概念——"势"。

🔖 为了解释"势"究竟是什么，孙子打了几个比方，其一是"激水之疾，至于漂石者，势也"：湍急的河水能把石头都冲起来，就是靠"势"的力量。

其二是"转圆石于千仞之山者，势也"：圆石从极陡的山上滚下来不可阻挡，也是靠"势"的力量。

所谓"势"，其实就是事物表现出来的趋向性，它可以是形势，可以是局势，可以是权势，也可以是地势，等等。

孙子认为"善战者，求之于势，不责于人，故能择人而任势"：取胜的关键在于"任势"，也就是在对自己有利的形势下做出行动。

🎐官渡之战中，曹操出奇制胜，以两万左右的兵力击破十万袁军，为统一北方奠定了坚实的基础。官渡之战也成了中国历史上以弱胜强、以少胜多的典型战例之一。

最初，曹操的纸面实力远不及袁绍。

但无论是郭嘉还是贾诩，这些顶级谋士都能看出袁绍外宽内忌、任人唯亲、好谋无断。

而曹操却从谏如流、杀伐决断——这是曹操性格上的优势。

🎐而且曹军和袁军相比，虽然袁军人数占优，但曹军纪律严明、将士勇猛，是真正的精锐之师——这是曹操军队上的优势。

🎐在出师的名义上，袁绍虽然号称"奉衣带诏"讨伐曹操，但他本人并没有真正接下衣带诏，因此号召力和说服力都比较有限。在出师前，沮授就曾劝谏袁绍，指出讨伐曹操是"违反义理""兴无名之兵"。

主公！还请三思！

无须多言！

赛雷三分钟漫画
孙子兵法

🦚而曹操手中牢牢控制着天子，是以天子的名义，打着"讨灭叛逆"的旗号去"平定袁绍谋反"的，这个"官方解释权"的影响力不容小觑——这是曹操在出师名义上的优势。

陛下，你在宫里好好待着，臣去把袁绍这个反贼拿下！

曹操占据了以上几点重要优势，虽然兵力不及袁绍，但也足以与袁绍抗衡了。

🦚官渡之战进入僵持阶段时，曹操因为耗不过袁绍陷入被动，这时荀彧对局势的分析非常精辟。

你们一个个的怎么回事？都给我打起精神来！

主公，你以寡敌众，居然遏制了袁军足足半年——这不恰恰说明袁军的势头不过如此吗？袁军的兵势很快就要衰竭了。

🦚后来，曹操果然抓住袁绍"势竭"的机会，一举打败了对方。

从战争层面拓展到其他领域，"势"也是一个非常重要的概念，咱们中国文化中，有非常多关于它的成语。

正所谓"天下大势，浩浩汤汤，顺之者昌，逆之者亡"，学会分析、利用、顺应"势"，"势"就会推着你走，成功便会水到渠成，反之则会举步维艰。

赛雷三分钟漫画
孙子兵法

🏆在有"势"的时候，我们应该"借势""顺势"；而在没有"势"的时候，我们也要学会创造对自己有利的"势"，也就是"造势"。

🏆孙子说："是故善战者，其势险，其节短。势如旷弩，节如发机。"我们应该创造像弩满弓待发状态一样的势，也就是做充分的准备，积蓄足够的力量，再以不可阻挡的劲头，干脆利落地取得成功。

孙子兵法

虚实篇

孙子兵法

# 虚实篇

**原文**

孙子曰：凡先处战地而待敌者佚，后处战地而趋战者劳。故善战者，致人而不致于人。能使敌人自至者，利之也；能使敌人不得至者，害之也。故敌佚能劳之，饱能饥之，安能动之。出其所不趋，趋其所不意。

**译文**

孙子说：凡是先占据会战地点等待敌人的就会安逸，后到达会战地点仓促应战的就会疲劳。所以善于作战的将领，能调动敌人而不被敌人调动。能使敌人按照我方意愿而自动抵达战区，这是敌人受到利益诱惑的缘故；能使敌人按照我方意愿而不能抵达战区，这是因为敌人担心会有祸害。所以，敌人休息得好，就想办法让它疲劳；敌人粮食充足，就想办法让它饥饿；敌人驻扎安稳，就想办法让它移动。向敌人急行军也无法到达的地方行进，快速到达敌人预料不到的地方。

行千里而不劳者，行于无人之地也；攻而必取者，攻其所不守也。守而必固者，守其所不攻也。故善攻者，敌不知其所守；善守者，敌不知其所攻。微乎微乎，至于无形；神乎神乎，至于无声，故能为敌之司命。

译文

部队行军千里而不疲劳，是因为行进在敌人空虚薄弱的地带；进攻必然取胜，是因为攻击的是敌人没有防守的地方。防御固若金汤，是因为防守的是敌人无法攻下的地方。所以善于进攻的军队，往往使敌人不知道该防守什么地方；善于防守的军队，往往使敌人找不到可以攻击的破绽。微妙哇微妙哇，以至于看不出任何形迹；神奇呀神奇呀，以至于听不到任何声音，所以就能成为敌人命运的主宰。

进而不可御者，冲其虚也；退而不可追者，速而不可及也。故我欲战，敌虽高垒深沟，不得不与我战者，攻其所必救也；我不欲战，画地而守之，敌不得与我战者，乖其所之也。

译文

部队前进时敌人无法抵御，是因为冲击了敌人空虚的地方；部队撤退时敌人无法追击，是因为退得迅速使敌人追赶不上。我方想开战，敌人即使坚守深沟高垒，也不得不出来与我军交战，是因为进攻了敌人必定要救援的地方；我方不想交战，在地上画出界限便可以作为防守之地，敌人也无法和我交战，是因为诱导敌人产生并实施了错误的策略。

故形人而我无形，则我专而敌分。我专为一，敌分为十，是以十攻其一也，则我众而敌寡；能以众击寡者，则吾之所与战者，约矣。吾所与战之地不可知，不可知，则敌所备者多；敌所备者多，则吾所与战者，寡矣。故备前则后寡，备后则前寡，备左则右寡，备右则左寡。无所不备，则无所不寡。寡者，备人者也；众者，使人备己者也。

译文

所以，使敌人暴露形迹，而我方却隐蔽起来，这样我方就能集中兵力，而敌人则兵力分散。我军兵力集中于一处，敌人兵力分散于十处，我方就能以十倍于敌方的兵力打击敌人，形成我众敌寡之势；能做到以众击寡，那么与我军直接交战的敌人就少了。我方所要进攻的地方敌人不知道，不知道，敌人就得处处防备；敌人防备的地方越多，兵力越分散，这样我们直接攻击所要面对的敌人就不多了。所以，防备前面，后面的兵力就薄弱；防备后面，前面的兵力就薄弱；防备左翼，右翼的兵力就薄弱；防备右翼，左翼的兵力就薄弱；处处防备，就处处兵力薄弱。敌人兵力少，是处处防备的结果；我方兵力多，是迫使敌方分兵防备我方的结果。

故知战之地，知战之日，则可千里而会战。不知战地，不知战日，则左不能救右，右不能救左，前不能救后，后不能救前，而况远者数十里，近者数里乎！以吾度之，越人之兵虽多，亦奚益于胜败哉！故曰胜可为也。敌虽众，可使无斗。

译文

能预料同敌人交战的地点，能预料同敌人交战的时间，就可以跋涉千里与敌人交战。如果既不能预料交战的地点，又不能预料交战的时间，那么军队的左翼就不能救右翼，右翼不能救左翼，前部不能救后部，后部不能救前部，更何况在远则几十里，近则几里的范围内部署作战呢！依我分析，越国的兵虽多，但对于决定战争的胜败又有什么益处！所以说，胜利是可以取得的。敌人即使众多，也可以分散它的兵力而使其无法与我方交战。

故策之而知得失之计，作之而知动静之理，形之而知死生之地，角之而知有余不足之处。故形兵之极，至于无形。无形，则深间不能窥，智者不能谋。因形而措胜于众，众不能知。人皆知我所以胜之形，而莫知吾所以制胜之形。故其战胜不复，而应形于无穷。

所以通过认真分析判断，可以了解敌人作战计划的优劣长短；通过挑动敌人，可以了解其行动的规律；通过有意制造假象，可以摸清敌人的优势和薄弱致命之处；通过战斗侦察，可以探明敌人兵力部署的虚实强弱。所以，制造假象的极致，是让敌人看不出一点我方的形迹。如果我方达到了无迹可寻的境界，那么即使有深藏的间谍也无法探明我方的虚实，即使敌人很高明也想不出对付我方的计谋。根据敌情来调兵遣将，向众人展示胜果，但众人却无法看出是怎么取胜的。人们只知道我方战胜敌人的外在形迹，却不知道我方战胜敌人的内在奥秘。所以我方每次取胜的方法都不会重复，而是根据敌情变化而采取多种多样的战略战术。

## 原文

夫兵形象水，水之形，避高而趋下，兵之形，避实而击虚。水因地而制流，兵因敌而制胜。故兵无常势，水无常形。能因敌变化而取胜者，谓之神。故五行无常胜，四时无常位，日有短长，月有死生。

## 译文

用兵的规律就像流水，水流动的规律是避开高处而向低处奔流，用兵的规律是避开敌人坚实之处而攻击其虚弱的地方。水因地势而决定流向，军队作战则根据敌情变化而决定制胜方针。所以，军队作战没有固定的态势，就像水没有固定的形态一样。能依据敌情变化而取胜的将领，就称得上用兵如神了。所以，金、木、水、火、土的相克关系不是固定不变的，春夏秋冬四季依次交替，白天有短有长，月亮有圆有缺。

## 战例：齐魏桂陵、襄陵、马陵之战

🎐 春秋战国时期，在孙武去世一百多年后，他的后代中出了一个叫孙膑的青年才俊。和自己的祖先一样，孙膑也很喜欢兵法，小小年纪就拜师学艺、苦读兵书。

🎐 孙膑学习兵法时，有一个同窗叫庞涓，他虽然成绩也不错，但相比孙膑的才学还是略逊了一筹。

先生，我来回答！

🏺二人出师后，庞涓比孙膑先找到了工作，他受到魏惠王的赏识，在魏国担任了将军。

🏺之后，庞涓派人把孙膑请到了魏国，但他并不是要给孙膑"内推"介绍工作，而是自知才学比不上孙膑，所以才把孙膑弄到自己身边加以监视，以免孙膑给敌国效力。

庞兄，你这是……

哈哈哈，孙兄请放心，你我同窗，外面钩心斗角的事由我来应付，你尽管安心地在我身边出谋划策即可。

🕯又过了一段时间，庞涓对孙膑的嫉妒之心越来越强烈，他干脆利用手中的权力捏造罪名，对孙膑处以膑刑和黥刑，也就是剔去孙膑的膝盖骨，并在孙膑的脸上刺字涂墨。

🕯孙膑无端受此陷害，很想找机会报仇，但自己已经残疾，手上也没有实权，只能暂时忍气吞声。

赛雷三分钟漫画
孙子兵法

📜直到某一天，齐国的一位使者来到魏国都城，孙膑想办法偷偷见到了这位使者。在谈话中，齐国使者被孙膑的谈吐和才学深深折服，于是他想尽办法，把孙膑救了出来，偷运到了齐国。

📜齐国大将田忌是一个礼贤下士的人，他听说孙膑到来，就把孙膑请到了自己府上做客，并好生招待了他。

🎣 田忌经常和齐威王赛马，但他总是输。孙膑发现，赛马是三局两胜制，参赛的马匹分为上等马、中等马、下等马三种，但无论哪一种，田忌的马都比齐威王的马差上一截，所以才跑不赢。

🎣 比赛即将开始，田忌向孙膑询问制胜方法，孙膑就让他用下等马对齐威王的上等马，用上等马对齐威王的中等马，用中等马对齐威王的下等马。

赛雷三分钟漫画
**孙子兵法**

这样一来，田忌虽然首场惨败，但后面两场都凭借马的"段位"优势取得小胜，最终三局两胜，战胜齐威王，赢得了千金赌注。

赛马过后，田忌正式把孙膑引荐给了齐威王。齐威王也佩服孙膑的才华和智谋，将他拜为军师。如此一来，孙膑终于有了找庞涓报仇的机会，因为此时齐国和魏国关系剑拔弩张，两人又分别在齐国、魏国效力，早晚会在战场上一决胜负。

在魏惠王时期，地处中原的魏国算得上是中原一霸，但有两个国家却威胁着它的地位——西方不断进逼的秦国和东方正在崛起的齐国。

魏惠王觉得秦国不好惹，为了保证国都的安全，实现魏国在黄河流域的扩张，他将魏国都城从安邑迁到了水系纵横的大梁，并沿洛水修筑防御工事，对秦国采取了守势。

🏺后来他还和秦孝公会谈，缓和了两国间的紧张关系。

🏺对于齐国，魏惠王就没那么客气了，他直接把齐国当成了头号假想敌，处处针对，诸侯会盟从来不喊齐威王。齐威王也不惯着对方，直接拉拢、威胁原本依附于魏国的小国，还向它们收取贡品，公开扫魏国的面子。

🎐魏国迁都后，附近的赵、燕等国比较警惕，齐国借机与它们交好，以制衡魏国。魏国为了巩固自己的地位，也拉拢鲁、宋、卫、韩等国，双方就这样形成了两大阵营。

🎐公元前354年，赵国进攻了魏国的盟友卫国。魏惠王立马派庞涓去讨伐赵国，魏军一路高歌猛进，很快就包围了赵国的都城邯郸。

哼，此城我必拿下！

魏国大军压境，赵国急忙派使者向盟友齐国求援。然而，对于要不要出兵，齐国的大臣们却意见不一，相国邹忌主张不救，觉得还是别蹚浑水比较好。

齐威王觉得此计甚妙，于是下令兵分两路，一路攻打魏国的襄陵，另一路则由田忌、孙膑率领去救援赵国。

齐威王本想让孙膑担任救援赵国那路大军的主将，但孙膑以自己受过酷刑，身体残疾为由拒绝了，于是齐威王就为他安排了一辆帐篷车，让他作为军师给田忌出谋划策。

领兵出征后，田忌想和魏军正面拼个你死我活。孙膑马上劝止了他。

想要解开纠缠在一起的杂乱扭结，不能握紧拳头去捶打；想要劝止打架斗殴的人，劝架的人不能自己加入打斗。

解围的诀窍是抓住敌人的关键之处，避实击虚，攻其要害，使得对方的兵势受挫，这样就能控制住整个局面，复杂激烈的战局也就自然化解了。

魏国为了攻下赵国都城邯郸，肯定是倾全国之力，出动了所有精兵强将，那么留守国内的就是一些老弱病残了。

我们如果能南下进攻魏国都城大梁，魏军必然回撤救援，这样邯郸之围就会迎刃而解。

说得对，那我们就直捣大梁，捅他个……

不可！动大梁之前，应该先打平陵！

平陵虽然比不上大梁的国都级规模，但也人口众多、兵力很强，是魏国重点防御的战略要地。

而且平陵南面是宋国、北面是卫国，二者都是魏国的盟友，我军想运粮很容易被切断粮道，陷入进退两难的困境。这孙膑咋想的呀？

🔖 其实孙膑要攻打平陵，正是因为平陵很难被攻克——这是他故意制造给庞涓看的假象。庞涓看到齐军打平陵，一定会认为齐军主帅无能、胡乱指挥，产生骄傲大意的情绪。

竟傻到去攻打平陵，齐国的将领也不过如此嘛。

🏺在孙膑的吩咐下，齐军兵分两路佯攻平陵，之后又故意败下阵来，成功麻痹了魏军。

🏺之后，孙膑又让田忌兵分大小两路，大部队轻装奔袭，直奔魏国国都大梁，逼迫庞涓率军回救。

🎺 小部队阻击庞涓的援军，但只许败不许胜，要装出一副齐军很弱、一触即溃的样子，让庞涓麻痹大意，一步步掉入准备好的陷阱中。

🎺 此时，庞涓刚刚攻破邯郸，大部队还没得到充分休整，就听说自己的国都被攻，情况十万火急，只得匆匆赶回去救援。沿途庞涓遇到齐军，却发现他们完全不堪一击，于是他下令丢弃辎重，轻装疾行。

🏆 然而孙膑早就在桂陵设好了埋伏，疲惫又大意的魏军到来时，以逸待劳的齐军瞬间杀出，把魏军打了个落花流水，庞涓也被齐军生擒。

> 孙膑！你算计我！

桂陵之战中，孙膑通过精妙的计策取得了胜利，后人由此引申出了著名的成语典故——围魏救赵。

🏆 但从历史事实来看，桂陵之战并没有"围魏"，也没有"救赵"。

> 此战中，齐军并没有真正围攻过魏国的国都大梁，只是打了个伏击战，战胜了庞涓的援军，没有完全击溃魏军的主力。

> 而赵国那边，国都邯郸早已被魏军攻破，庞涓兵败后，邯郸依然被魏国所占领。

公元前 352 年，齐国为了扩大桂陵之战的战果，拉拢了魏国之前的"小弟"宋国和卫国。最终宋、卫两国倒戈，和齐国联手向魏国发起进攻，包围了魏国的重镇襄陵。

襄陵位于黄淮平原腹地，地势平坦开阔，非常适合大兵团正面决战，而这正是魏军所擅长的，魏军以重甲的"魏武卒"闻名天下。

在地势开阔的襄陵，交战双方只能正面冲阵，硬碰硬，齐军纵使有什么计谋也难以施展，反倒是魏军遇到自己最喜欢的打法，打得得心应手，很快就击退了齐、宋 、卫联军的第一轮进攻。

更关键的是，当战争进入白热化阶段时，魏国还找来了韩国当帮手。韩国在齐、宋、卫联军的背后发动攻击。联军腹背受敌，很快被打败了。

🔖 战事不利，齐国只好请强大的楚国出面调停，各国卖了楚国面子，决定休战罢兵，被俘的庞涓也回到了魏国再度为将。

第二年，魏国和赵国也冰释前嫌，魏惠王与赵成侯在漳河边结盟，魏军撤出了赵国首都邯郸。

之后的十多年，魏国经过休养生息，实力又回到了足以称霸中原的程度。此时，秦国的著名政治家、改革家商鞅向秦王提出先尊魏为王。

公元前 344 年，商鞅奉秦命游说魏惠王，劝他先称王，然后灭掉齐、楚两国。魏惠王听从商鞅的话，摆出诸侯之长的排场，想在逢泽举行诸侯会盟，之后再率众朝见周天子，坐实自己的"诸侯盟主"地位。

🏺这场逢泽之会，包括秦国在内的十二个国家都来参加了，但韩国和齐国却没来，魏惠王因此大为恼怒。

🏺尤其韩国曾经可是魏国的盟友，如今居然敢不给面子，魏惠王越想越气，干脆下令进攻韩国，由此引发了另一场齐魏大战——马陵之战。

关于马陵之战，各史料如《史记》《战国策》《竹书纪年》的记载有不少矛盾之处，学界争议比较大，难以考证谁才是正确的。下文选用了流传最广的《史记·孙子吴起列传》中的故事版本。

在此版本中，魏惠王派出进攻韩国的将领是庞涓。韩国完全不是魏国的对手，急忙向齐国求援。齐国又派出了孙膑、田忌组合去救韩抗魏，孙膑和庞涓这对冤家再一次在战场相遇。

这次孙膑又用了和之前类似的策略：不直接救援韩国，让田忌率军直捣魏国都城大梁。

🏆 庞涓无奈，只好率军离开韩国去救援大梁。孙膑又向田忌献了一计。

魏兵骁勇善战，向来轻视我们齐国，善战者应该因势利导，引诱他们中计。

我们就让我军继续深入魏国领地，但每天做饭时挖的土灶逐渐减少，第一天十万灶，第二天五万灶，第三天三万灶……

随便挖两坑就行了，去吧！

其实孙膑这样做，是为了制造齐军在魏国领地进攻受挫、士兵大量逃亡、人数越来越少的假象。

🏆 庞涓率大军在后面追了三天，看到齐军挖的灶越来越少，大喜，随后还下令步兵留下，自己率骑兵追击。

哈哈，我早就知道齐军胆小，但没想到他们竟然怕死到这种程度。

有马的，跟我追！

刚进入我们的领地三天，士卒就逃跑过半了。

孙膑估算了一下庞涓的进军速度，预计他晚上会到达马陵。马陵地势险峻、道路狭窄，非常适合设伏。于是，孙膑派军中善射的弓弩手夹道埋伏，等晚上见到有火光亮起就出来射杀魏军。

同时，孙膑派人刮下了一棵大树的树皮，刻下了"庞涓死于此树下"几个大字。夜晚时分，庞涓果然率军来到马陵，他看到有棵大树上面刻着字，就命人举起烛火查看刻的是什么。

牢记"举火为号"这一命令的齐军弓弩手看到火光,立马万箭齐发。庞涓连树上的话都还没读完,箭矢就像下雨一样袭来,魏军瞬间溃不成军,更别说反击了。

庞涓知道自己在谋略上输给了孙膑,此时已经无力回天,于是就拔剑自杀了,临死前还不忘骂了孙膑一句。

🏺孙膑报仇雪恨后，齐军乘胜追击，连续大破魏军，还俘虏了魏国的太子申。

🏺经过马陵之战，魏国元气大伤，从此丧失了中原霸主的地位，而齐国实力、威望大增，一跃成了数一数二的强国。

🏺在《虚实篇》中，孙子着重阐释了一个理论：避实击虚。

🏺按照前几篇的"先胜""顺势"等理论，你可以立于不败之地，顺应战局大势，但到了真打起来的时候，该怎样取得胜利呢？孙子的办法是：

🏆 "围魏救赵"就是避实击虚的最典型战例之一。

孙膑没有让齐军去和魏军决战，也没有真的去攻打魏国的坚城大梁和平陵，甚至没有去打邯郸救援赵国——凡是硬碰硬的选项，他全都避开了。

贱货！有本事正面刚啊！

我偏不，能奈我何？

他做的所有事，最终都指向一个目的。

桂陵

就是让魏国分出一部分兵马，掉进自己准备好的埋伏圈里。

🏆 庞涓攻破邯郸后，人马疲惫，还没来得及休息，就收到国都大梁危急的消息，再怎么累也只能赶回来救援。

救我！

邯郸

这就是孙子说的"不得不与我战者，攻其所必救也"。

📖 为了保住刚刚取得的战果，魏军不可能放弃邯郸，全军回救，所以庞涓只带了一部分兵马迎战齐军，在人数上已经没有了优势。

将军慢走哇！

这就是孙子说的"我专而敌分。我专为一，敌分为十，是以十攻其一也，则我众而敌寡"。

📖 即使已经占据许多优势，孙膑也不跟庞涓正面决战，而是用了以逸待劳的稳妥打法。

诱敌深入打埋伏，真正做到了"我想怎么打就怎么打，敌人还不得不这样跟我打"。

这"一波"在大气层！

赛雷三分钟漫画
孙子兵法

之后的马陵之战中，孙膑使用了类似的诱敌深入之计。庞涓再次上当。看似很蠢，但其实后面减灶"阴谋"的成功，都是建立在进逼大梁"阳谋"的基础上的。

我又要攻击你的国都了，你就算千里迢迢疲于奔命也得来救。

所谓"避实击虚"，就是在突破方向、突破点的选择上打击敌方的薄弱之处。就像在武侠小说中，很多练了金钟罩铁布衫的高手其实都有"罩门"，只要你找到这个弱点并攻击它，看似刀枪不入的高手也无法招架。

"避实击虚"的思想运用到生活中，也可以帮我们拓展思路，解决很多难题。

面对错综复杂的局面，人们往往会急躁地寻求突破，但把自己累个半死，局面却还是一团乱麻，最终搞得自己很郁闷。

正如孙膑所说："想要解开纠缠在一起的杂乱扭结，不能握紧拳头去捶打；想要劝止打架斗殴的人，劝架的人不能自己加入打斗。"

🏆想破局，靠着莽劲乱努力是远远不够的，应该先通过观察，辨别局势中的"实"和"虚"，找出要害之处。

🏆当找到正确的突破口时，你就会有一种醍醐灌顶的感觉，纷乱的局面瞬间变得豁然开朗，复杂的难题也将迎刃而解。

**图书在版编目（CIP）数据**

赛雷三分钟漫画孙子兵法 / 赛雷著 . -- 长沙 : 湖南文艺出版社，2023.7（2024.1 重印）

ISBN 978-7-5726-1213-8

Ⅰ . ①赛… Ⅱ . ①赛… Ⅲ . ①《孙子兵法》- 通俗读物 Ⅳ . ① E892.25-49

中国国家版本馆 CIP 数据核字（2023）第 117037 号

上架建议：畅销 · 经典名著

SAILEI SAN FENZHONG MANHUA SUNZI BINGFA

**赛雷三分钟漫画孙子兵法**

作　　者：赛　雷
出 版 人：陈新文
责任编辑：吕苗莉
监　　制：于向勇
策划编辑：王远哲
文字编辑：罗　钦　张妍文
营销编辑：秋　天　黄璐璐　时宇飞
装帧设计：利　锐
出　　版：湖南文艺出版社
　　　　　（长沙市雨花区东二环一段 508 号　邮编：410014）
网　　址：www.hnwy.net
印　　刷：北京市雅迪彩色印刷有限公司
经　　销：新华书店
开　　本：715mm×875mm　1/16
字　　数：198 千字
印　　张：15.75
版　　次：2023 年 7 月第 1 版
印　　次：2024 年 1 月第 2 次印刷
书　　号：ISBN 978-7-5726-1213-8
定　　价：49.80 元

若有质量问题，请致电质量监督电话：010-59096394
团购电话：010-59320018